南傳佛教大修行人的傳奇心靈

佛陀的女兒蒂帕嬤

DIPA MA

The Life and Legacy of a Buddhist Master

艾美・史密特 Amy Schmidt —— 著
周和君、江涵芠 —— 譯

目錄

【序言】

慈心的典範

在我的記憶中，蒂帕嬤不僅是我的老師，也十足是位女性；是母親，也像是老祖母一般。當年蒂帕嬤和家人來美造訪內觀禪修協會，在巴列市暫住的屋子裡，她坐在地板上的模樣還清晰地烙印在我心中。她一邊跟年幼的孫子利西玩遊戲，開心地笑著，之後又站起身來指導學生禪修；接下來，她也許去洗洗衣服，親自用雙手搓洗，然後掛起來晾乾；有時也許做做徒步經行的禪修，然後再回到屋內禪坐。這時利西在一旁滿屋子亂跑，她的女兒蒂帕則在廚房裡做菜，蒂帕嬤就在這一切活動之中做禪修。每當一有人坐到她面前，她就會睜開雙眼，施予對方滿滿的祝福加持。這就是蒂帕嬤的教導方式，既溫馨、單純、又好心腸。

她的聲音時常在我耳畔響起，低語叮嚀著，鼓勵我挑戰自己的極限，開發自己的能力，特別是慈愛與悲心。蒂帕嬤就是慈心的典範，她從生命的苦痛中重生，從此於自心不斷憶持著生命中最首要的一件事。每當我猶豫不前，沒有勇氣向他人敞開心房時，彷彿就會看到她的身影，從吵吵嚷嚷的屋子裡走出來，施予他人滿滿的祝福，彷佛也會聽到她爲我加油打氣，然後，她的加持盈滿我的心，使我得以跨越自己的恐懼，在內心找到慈愛，而這就是她一生所示現的。

雪倫．薩爾茲堡（Sharon Salzberg）

【推薦序】

蒂帕嬤不凡的一生與教法

在我們的生命中，或許有時候會遇到這麼一個不凡的人，他或她僅僅因為存在於世間就能夠轉化我們生活的方式。蒂帕嬤就是這樣的一個人。當我在一九六七年第一次到印度的菩提迦耶❶時，就從老師阿那加利卡．穆寧拉❷那裡聽到有關於她的事蹟。他在緬甸訓練過蒂帕嬤，過去九年裡，他一直在緬甸從事修行及教學工作。他經常提到蒂帕嬤是一位了不起的修行人，而且成就不凡——有許多事蹟都可以在本書中讀到。他並沒有用言語對她多加描述，但我卻在初次遇見蒂帕嬤時，就感受到她身上流露出一股特殊氣質，能夠感動每一個與她相遇的人。那是一種非常寧靜而且充滿了愛的特質，那股沉靜與愛跟我以前所見過的人截然不同。它們不是某種自我人格的顯現，是既不期盼也不需要任何回報的。簡單的說，這是因為無我的關係，所以愛與和平就會自然呈現。

她，告訴我什麼是可能的

蒂帕嬤不是透過戒律，而是經由啓悟讓人獲得最大的成就。她以自己存在所呈現的可能性，來向世人顯現什麼是可能的。這樣的生命爲我們的決心樹立最佳典範，使我們每個人對於自己追求法所具備的能力，產生堅定的信心。這份信心來自於全然接受自己的眞正面目，再加上她不斷地鼓舞大家透過持續的修行來加深我們對佛法的了解。

雖然蒂帕嬤只到過西方國家兩次，但是她對美國佛教界所產生的影響卻相當深遠。她是上座部❸傳統中第一位眞正有大成就的女性修行者，並且能夠在美國弘揚佛法。雖

編註：

❶菩提迦耶：Bodhi Gaya，印度聖地，位於比哈（Bihar）省境內，就在這安詳寧靜之處，釋迦族的悉達多王子了解到生命的真相，成為人間至善的覺悟者。Buddha「佛陀」，意即「覺悟的人」。

❷阿那加利卡．穆寧拉：Anagarika Munindra，印度禪修大師。一九五〇年代末、一九六〇年代初，有許多西方人士來到東南亞的禪修中心參學。當時錫蘭、泰國、印度都有人將馬哈希尊者的教法從緬甸流傳出去，阿那加利卡．穆寧拉即是印度的代表人物。Anagarika 意指追尋禪修生活的人。此外，這個字也有「無家可歸」的意思。

❸上座部：巴利語系的佛教，現在主要分布地點在斯里蘭卡、泰國、緬甸。

然她全心投入上座部傳統，但同時也深刻了解到女性修行者，包括家庭主婦等的禪修成就，在各方面都是平等的，甚至比起絕大部分屬於男性宗教威權世界的人，她們的精神修行更加深刻。蒂帕嬷就是以這樣的方式，在這裡成爲女性以及男性共同的典範，她在共修社團中對許多修行者的影響至今仍餘波盪漾，連綿不絕。

我很高興並且感激艾美·史密特（Amy Schmidt）完成了這麼一本了不起的著作，讓許多人有機會了解蒂帕嬷不凡的一生，並且有機會初次認識蒂帕嬷。

約瑟夫·葛斯坦（Joseph Goldstein）

寫於美國內觀禪修協會

二〇〇二年三月

（本文作者爲美國「內觀禪修協會」的創會成員及老師）

【作者序】

打開內心，迎接宇宙的恩典

「恩典」❶這個字意謂著我們毫不費力就能得到神聖的祝福。嚴格說來，這並不是一個佛教的概念。當然，不論我們是否致力於神聖的行爲，在精進禪修的人當中，「恩典」的經驗也是非常普遍。如果我們清楚地審視自己的生活，例如我們擁有能夠追求靈修生活的環境、跟證悟成就極高的老師一起工作的機會，以及追求內在眞正解脫的強烈欲望等等，我們會發現，其實自己早就已經沐浴在恩典中。我們從本書的第一部關於蒂帕嬷的生平，再看到第二部由認識蒂帕嬷的人來談談她的小故事，接著到第三部時我們

❶恩典：這個詞有幾個意思，都是來自西方的天主信仰，分別為（一）指上帝對人類無限的慈愛；（二）神的力量使得某人變得更純潔、更堅強；（三）上帝賜予的一個特殊禮物或者幫助。

會讀到她的教誨，這時會發現到「恩典」這兩個字經常出現，其象徵著我們與這位精神導師相遇的時候，她所散發出的那股難以形容而又熱情開放的不凡特質。

深刻的覺醒能改變人的心智

本書編寫過程長達十年，在整個過程中，承蒙許多人參與並貢獻心力，我們可以看出本書的完成，有部分功勞必須歸功於眾人。由於大家貢獻所能，提供各種明智的意見，並且慷慨解囊，才讓本書得以順利完成。這份誠意著實令人敬畏。正如某位朋友所說：「蒂帕嬤讓所有美好的事物都圍繞在她身邊。」

我要向許多人表達謝意，首先是傑克．恩格勒博士（Jack Engler），他對本書的完成貢獻甚多。本書第一部中有關傳記性質的資料，包括直接引用蒂帕嬤的話語，大部分都是根據傑克特別爲本書所撰寫的資料而來。它們源自於個人的接觸經驗，以及蒂帕嬤生前所做的心理測驗，使人對於傳統經典談到證悟會帶來人類心智上巨大的轉變，更加確信所言不虛。傑克慨然應允我們使用這些資料，才讓本書得以完整呈現蒂帕嬤的生平事蹟，我非常感謝他的慷慨。我也要感謝唐．莫瑞爾（Don Morreale）的付出，本書能夠問世，他貢獻了許多才華。簡言之，他是本書的催生者。

當時傑克．恩格勒的研究顯示，以科學眼光來檢視，蒂帕嬤在修行上已經獲得不凡的成就。大部分認識蒂帕嬤的人，或者受她的學生所影響的人，都能夠透過不同的角度對她有更深刻的了解。以我自己爲例，她個人簡直就是聖母的化身，這是所有文化傳統中都有的一種「原型」❷。下面這段文字是由特拉普派❸的西奧芬尼神父（Father Theophane）所說的一個紀念蒂帕嬤的故事。西奧芬神父是《神聖寺院的故事》（*Tales of a Magic Monastery*）作者。對我而言，這個故事讓世人對於蒂帕嬤無限慈悲的神聖面向有更清楚的認識。

---

❷原型：archetype，一個原始的形象、性格、或者在文學與思想中一再出現而成為一種普遍的概念或境界。這個名詞引自心理學家容格的「集體無意識」理論。一個原型主題是人人天真無知到成熟的階段，而原型的幾種角色包括兄弟、背叛者、智慧的祖父母和善良的妓女。

❸特拉普派：Trappist，謹守基督教禮儀的西多會會士之俗稱，此派以法國特拉普大修道院為中心，一直到一八九二年，後來傳至全世界。特拉普派專心致力於敬神的事務，以苦行著稱，即堅守緘默、禁食魚、肉和蛋類。

你的心像什麼？這是他們想要知道的事。他們把一個剛去世的人帶進來，然後打開他的胸膛。你無法相信在那胸膛裡面到底有什麼。你不會相信眼前所見到的景象：白人、黑人、無神論者、富人、窮人、酒鬼、妓女、教士、政治家、孩子、法官、球員、怪人，以及自己——甚至包括我自己，到底是怎樣淪落到這個地步的？這就是我死後的光景嗎？當他們打開我的胸膛時，到底會發現什麼呢？

願我們的心能夠向那遍存於宇宙間的恩典敞開。

【前言】發現蒂帕嬤

早在我聽說過蒂帕嬤的名字之前，她就已經在召喚我了。

當我十九歲的時候，有人送給我赫曼．赫塞❶的《流浪者之歌》❷這本書。我把書讀了四遍，幾乎對每一句話都了然於心。這本書給了我希望，書上說：「而我真心渴望這是真的，這世間有一條能夠解脫痛苦的道路，我們有可能在此生就獲得自由。」於是我開始修習超覺靜坐❸，但還是沒辦法找到那條通往真理或是佛陀教法的道路。直到五

---

❶赫曼．赫塞：Herman Hesse（1877-1962），德國著名詩人及小說家，一九四六年獲諾貝爾文學獎。一生致力於研究中國及印度的智慧，擅於描寫人類精神領域中的種種不安，對於靈魂深處的探索，刻劃尤深。但因處於納粹執政時代，不見容於當局，開始流亡生活，後歸瑞士。

❷《流浪者之歌》：*Siddhartha*，赫曼．赫塞四十五歲時的作品。在這部作品中，赫塞想藉釋尊出家前的名字「悉達多」，探討求道者達到悟道體驗的奧祕。這部作品在印度被譯成十二種當地方言。

❸超覺靜坐：Transcendental Meditation，簡稱 TM，是一種簡單自然的靜坐方式，靜坐者會慢慢體驗到寧靜安詳的狀態，精神逐漸鬆弛，身體也跟著放鬆。它不提倡超脫任何世俗的觀念，也不涉及特殊的姿勢。據傳修習此法，可以帶來比睡眠更深兩倍的休息，並可消除壓力、激發創意、促進身心健康。

年後，我在西雅圖的某個陋巷裡一家叫做「艾莉閣樓」的小咖啡館中，看見佈告欄上有某個共修團體所張貼的廣告。在好奇心驅使之下，我參加了那個團體，在那兒，有人教我如何靜坐。

體證開悟的寧靜喜悅

在這次靜坐練習中，我很快就發現自己找到了某種極爲深刻而又有意義的東西，我知道這正是我必須去追求的。有一位從泰國來的老師加入了這個團體，並向大家闡明開悟是什麼。他說開悟是禪修的目標，而且是「無以名之」的，不但超越了身心，也超越了所有的痛苦。然而，比他的話語更吸引我的，是那無法用言語表達的部分：那縈繞在他話語四周神祕的靜默，以及他眼神中深刻的寧靜安詳。那天晚上，我在雨中走路回家，因內心受到強烈的震撼而停下腳步。在黑暗中，雨水滑下我的臉龐，就在那一刻，我立誓要窮盡餘生之力尋求開悟。無論這個過程要花費多長的時間，不論要付出什麼樣的代價，我知道在我能夠親自體驗到這份寧靜喜悅以前，永遠不會停下腳步。

有時候會有佛法老師來參訪我們的團體：有一位在緬甸受戒的男士，以及幾位泰國南傳佛教❹系統的僧侶，這些老師無一例外地都只談到他們自己的男性上師。我心想：「在這個傳承中，到底女性在哪裡呢？我的精神導師又在哪兒呢？」

因爲渴望了解更多有關佛教的女性修行者，於是我開始閱讀佛教經典，但這只更加深了我的失望。在諸多經典中，不僅鮮少提到女性，一般而言，在這些古老的文字裡，更是充滿了對女性輕蔑的觀點。就跟那個時代的女性一樣，我放棄了尋求女性佛教徒典範的念頭，只是一頭栽進狂熱的禪修中。

經過五年精進奮發的努力之後，我開始覺得自己有需要進行更密集且長時間的禪修。有幾個朋友告訴我在麻州的巴爾（Barre）有一個內觀禪修協會，在那裡，每年秋天都會舉行一次爲期三個月的禪修營。我當時提出的參加申請被接受了，接著便度過三

❹南傳佛教：又稱南方佛教、南傳上座部。佛教源於印度，其後向外傳播，分成兩大主流，流傳於東南亞一帶，包括錫蘭（斯里蘭卡）、緬甸、泰國、高棉、寮國等，即是南傳佛教。所謂南傳佛教，主要指盛行於上述五國，而以錫蘭大寺派為傳承之上座部佛教而言。另一主流，經中亞傳至中國、韓國、日本，屬北傳大乘佛教。

個月完全沉默的日子——許多朋友都認爲我瘋了。當時是一九八九年。

這個位於森林和原野中的禪修中心，是由禪修老師雪倫．薩爾茲堡、約瑟夫．葛斯坦、傑克．康菲爾德（Jack Kornfield）、以及其他人共同創立的。中心的主體建築是一幢堅實的磚造結構，建造於一九一一年，屬於政府的私人產業。我匆匆忙忙整理行囊，見過從瑞士來的室友之後，就去參觀這個像迷宮一樣的建築物了。在未來的九十天，我都會待在這個地方。當我舉目四顧時，注意到這裡有佛陀的雕像，也有許多祖師大德們的畫像。這些激勵人心的肖像，被仔細地安置在每個隱密的角落以及牆壁的小洞中，但這些圖像的主體全部都是男性。

那是我所見過最寧靜慈愛的眼神

然後，突然間，我在M一〇一房的角落邊，發現了一幅印度女性的相片，相片中的人身穿白色衣服，像一朵白雲似地坐在夏日綠草如茵的草地上。她戴著一副寬邊眼鏡，鏡架上還貼有白色膠帶的接補痕跡，而鏡片後面所散發的是我所見過最寧靜、最慈愛的眼神。這幅照片並沒有命名，但我知道自己正注視著一位偉大的老師，這位女性已經獲得了內在的寧靜與自由。我心想其他的老師能否告訴我有關於她的故事，而她能否成為我的精神導師。

答案很快就揭曉了。在禪修進行幾天之後，有些老師們開始討論相片中的這位女性。她原本叫做娜妮·拜魯雅（Nani Bala Barua），但是一般人都叫她「蒂帕嬤」（Dipa Ma），也就是「蒂帕的母親」（Mother of Dipa）的意思，她兩個禮拜前才剛剛過世。這五位老師都跟她很熟，並且深愛著她，其中有兩個人追隨她將近二十年，他們的內心依然充滿了悲傷。我為自己再也沒有機會遇到這位女士感到非常沮喪，但後來我恍然大悟：透過我所聽過各式各樣關於蒂帕嬤的故事，以及其所帶來的啓發，事實上，蒂帕嬤已經是我的精神導師了。

一股強烈的精神連繫

我覺得自己和她之間有一股強烈的精神連繫：她和我的故事有太多相似之處。她這一生遭遇過太多巨大的痛苦，十二歲那年，她就必須與家人分離，依照印度傳統嫁到他地。至於我，也是在十二歲的時候，家庭遭逢巨變：某天早上我剛睡醒，卻發現摯愛的母親在前一夜竟然企圖自殺。雖然她在數年後才自殺成功，但是這件事卻對我造成全面毀滅性的影響。就如蒂帕嬤的童年一樣，我的童年也幾乎在一夜之間突然結束。至於在我青少年時期及二十多歲時所發生的其他事件，似乎也跟蒂帕嬤在發現禪修之前所遭遇的種種失落和變故相當類似。

從小我就很喜歡聽母親告訴我種種有關非裔美籍人士的故事，他們如何排除萬難，在艱苦的環境中屹立不搖，成爲偉大的領導者和精神導師。我知道的人就有瑪哈莉亞・傑克森[5]、馬丁・路德・金恩博士[6]、麥爾坎・X[7]、保羅・羅賓森[8]、瑪莉安・安德森[9]以及費德力克・道格拉斯[10]、羅莎・帕克斯[11]等等，這些人都是我童年時候崇拜的英雄人物。我最想知道的是，像蒂帕嬤這樣一個平凡的家庭主婦，如何能克服不只是自身所遭遇的困難，更是全亞洲文化裡父權教條的束縛，而不畏艱難地精進修行，並且以她那個時代極不尋常的方式教導他人修行？雖然蒂帕嬤從沒自稱是女性主義者或是弱勢團

❺瑪哈莉亞．傑克森：Mahalia Jackson（1911-1972），美國著名黑人女歌手。她是將福音歌曲重新加以詮釋的先鋒人物，用熾熱低沉的嗓音，創造二十世紀最偉大的聲音，被譽為激勵人心的靈魂樂之后。

❻馬丁．路德．金恩博士：Martin Luther King Jr.（1929-1968），美國當代歷史上最著名的黑人民權領袖。因領導黑人民權運動，使他的家遭到炸彈攻擊，他本人也曾在紐約被人刺傷，更因民運而入獄。一九六四年獲諾貝爾和平獎。一九六八年美國民權運動風起雲湧，他卻在田納西州不幸遇刺身亡，年僅三十九歲。

❼麥爾坎．X：Malcolm X（1925-1965），非裔美籍黑人民運領袖。一九四二年他同時犯下吸毒、嫖妓和賭博等罪行入獄，並信奉了伊斯蘭國教；一九五二年獲得假釋，他把原來的姓 Little 改為 X，代表他失落的部族。一九六四年他脫離伊斯蘭國教，又因放棄「白人皆惡人」的種族主義觀點，於一九六五年在紐約演講時遭槍殺身亡。

❽保羅．羅賓森：Paul Robeson（1898-1976），著名黑人歌唱家。他經由表演黑人精神和其他文化的民謠，促進了不同文化的互動與了解。他雖然在舞台上成功，但還是面臨著種族偏見與歧視。他質疑為什麼非裔美籍人士要支持一個對他們並不公平的政府。在強勢的政府及社會的阻力下，他勇敢促進一九六〇年代的民權運動。

❾瑪莉安．安德森：Marian Anderson（1897-1993），出生於費城的美國黑人女歌手。一九二五年開始在歐洲表演，被譽為「百年難得一見的聲音」，但是回到美國後，她的成功並未使她免於遭受種族歧視。直到一九五五年，她在大都會歌劇院登台演出，成為第一位在那裡表演的非裔美籍人士，才打破了藩籬。

❿費德力克．道格拉斯：Frederick Douglass（1818-1895），十九世紀非裔美籍廢除奴隸主義者。他一出生就是黑奴身分，女主人教他讀書，後來他逃脫了奴隸生活，用僅剩的自由去冒險。道格拉斯曾被稱為「民權運動之父」，後來還成為美國總統的顧問，林肯總統稱他是十九世紀最有功績的人之一。

⓫羅莎．帕克斯：Rosa Parks，美國史上有名的「羅莎．帕克斯事件」主角。一九五五年阿拉巴馬州蒙哥馬利市的黑人女工羅莎下班後，坐在公車後排「專屬」黑人的座位上，由於未讓座給白人，立刻遭到逮捕。四天後，該市數千名黑人由拒乘公車開始，掀起美國現代史上黑人為爭取基本人權的民主運動。

體的領導者，但是她在面對橫逆時所展現的力量，讓我想起童年時聽過的種種英雄故事。

我很渴望能夠追隨她的腳步，也極想知道關於她的所有事情。三個月的禪修營結束之後，我跟約瑟夫．葛斯坦見面，我問他，是否有任何一位老師想寫有關蒂帕嬤的故事，他說沒有，而且他所認識的人裡面也沒人有此計畫，他本人更是沒有時間。然後，他以一貫熱情洋溢的態度對我說：「你應該去做這件事！」

對於他的建議，我整整考慮了四天，心想：「我怎麼可能寫出素昧平生的人的故事？」雖然有幾位朋友指出，在佛陀過世後的兩千五百年中，世界上有千百萬的人接受佛陀的教法，但只有極少數的人親眼見過他。當然，同樣的情形也發生在耶穌、穆罕默德，以及其他精神領袖身上，他們生平的事蹟就是活生生的經典。

追尋蒂帕嬤的足跡

後來，我透過認識蒂帕嬤的人所說的話，開始了追尋蒂帕嬤之旅。八年來，我蒐集遍布在美國、印度以及緬甸的蒂帕嬤的學生們所寫的有關於她的故事。在這個過程中所發生的點點滴滴，所有的相聚與分離，所有的談話和回憶，都是因爲愛而連結：這是對於蒂帕嬷、對於佛教的道路，以及對於珍貴人生無比的愛。

佛陀描述禪修的教法是，「不論開始、中間或結束，都是美好的。」當我傾聽這些人的故事時，蒂帕嬷的教誨一次又一次地展現了種種人性的美善。即使她過世之後，都將一如既往地活在人們的心中。許多學生說他們覺得蒂帕嬷仍然在修行的道路上指引他們。有些素昧平生的人說，蒂帕嬷在修行上幫助他們，並曾到夢裡來看望他們。有些人說他們聽見了蒂帕嬷的聲音，有些人則感受到她的存在。多年來，我不斷聽到蒂帕嬷指引行者的各種事蹟，透過這些事蹟以及我個人的經驗，我深信，她修持的力量仍舊影響著大家。無論我們內心有多麼失落迷惘，無論這世界的處境變得多麼令人絕望，倘若我們遙呼蒂帕嬷，她都會從我們自性中顯露，向我們揭示原處即有的眞理。

但願以下這些故事能夠在你的禪修旅程中引導你。但願眾生都能得到解脫。

蒂帕嬤在加爾各答的公寓，1973（洛伊．邦尼）。

part 1 不平凡的人生

1
生爲佛教徒

「在這個世界上，沒有任何事情可以攀緣。」

娜妮．拜魯雅（蒂帕嬤）和她的丈夫拉雅尼．拜魯雅以及弟弟畢喬伊，1937，緬甸（攝影者不詳）。

一九一一年三月二十五日，娜妮・拜魯雅出生於靠近緬甸邊境孟加拉東部的一個小村落。契塔剛（Chittagong）區域向來以融合宗教傳統而聞名，這個區域中的印度教❶、伊斯蘭教❷以及佛教徒們都能夠和諧地生活在一起。這個佛教社區所保留的原始佛教❸傳統，或許是現存佛教文化中唯一能夠回溯到佛陀那個時代的佛教傳統。

娜妮的家人是屬於孟加拉拜魯雅家族，他們是印度原始佛教徒的後裔。雖然在娜妮出生的時候，禪修的傳統幾乎都已經式微，但有些家庭依然奉行佛教的儀式和風俗。她的父親普那・謙卓（Purna Chandra）以及母親芭莎娜（Prasanna）也是如此。

---

❶印度教：通常指新婆羅門教。就是印度古來正統思想的婆羅門教，攝取佛教與耆那教教義以及複雜的民間信仰，發展而成的一種宗教。與其說它是一個有明確體系的宗教，不如說它是在歷史發展中，由於教義、儀軌、制度、風俗習慣等，孕育而成的一種宗教社會，乃至於社會性宗教的總稱。

❷伊斯蘭教：西元七世紀時，阿拉伯人穆罕默德所創立的宗教，信奉阿拉為唯一的真神，經典為《古蘭經》，共一百一十四章。信徒每天面向麥加祈禱，一日五次，且一生必須往麥加朝聖一次。教徒大多分布於中東、北非、印尼、巴基斯坦及中國西北等地。唐朝時，由回紇人傳入中國，所以中國稱之為「回教」。

❸原始佛教：近代學者對於佛教思想的分期，有不同看法。一般而言可分為兩類，佛陀時代者，稱為基礎佛教；佛陀以後者，稱發展佛教。前者亦可稱為原始佛教，後者又可分為第一期的小乘部派佛教及第二期大乘宗派佛教。

娜妮是六個孩子中的長女，跟兄弟姊妹們都很親近，而且還是這個大家族中最受寵愛的孩子。娜妮和母親的身材都很嬌小，皮膚很好，母女倆的關係特別親密。娜妮還記得她的母親是個很嫻靜且充滿感情的女人，父親則是個堅守原則的人，但即使他看見不合宜的行爲也絕不會高聲斥責。儘管父親的管教方式嚴格而堅定，娜妮和父親的關係還是非常好。

娜妮家中向來奉行慷慨的布施傳統，若有任何佛教僧侶、印度教托缽僧或者任何前來要求施捨的人，娜妮的父母都會慷慨布施。這個年輕女孩從父母身上學到了布施的意義——那就是當你布施的時候，人與人之間就不再有區別了。你是在布施給所有的人。

當娜妮還是個孩子時，就已經對佛教的儀式產生極大的興趣。她喜歡到寺廟去，並服侍那些僧侶們。雖然孩子們通常都不准靠近正在化緣的僧侶，但由於娜妮受到強烈的吸引，所以大人就允許她把食物和救濟品布施給僧侶們，讓她替他們洗腳，並且和他們一起坐著吃飯。

什麼叫做飢餓？

娜妮平時沉靜獨處，不會找其他同伴玩耍。她最常玩洋娃娃，卻也特別喜歡捏塑佛陀雕像。當其他的印度小女孩都還在玩扮家家酒的時候，娜妮卻在幻想世界中製造許多供品以及採集鮮花，獻給佛陀，她會準備好神龕，然後舉行宗教儀式。拜魯雅家的位置靠近湖邊，在湖另一端的盡頭有一座色彩亮麗的亭子，娜妮常常到那裡去獻供品。她回憶說自己這股奉獻的心意是自然生起的，父母絕沒有特別鼓勵她這麼做。娜妮不僅不喜歡烹調，甚至對吃東西也沒什麼興趣。困惑的母親總是沒有辦法哄騙娜妮乖乖地坐下來吃一頓飯，而娜妮往往只吃一片水果或一塊餅乾就夠了。她常常問父母：「你們覺得餓嗎？什麼叫做飢餓？」

另一方面，娜妮對於知識的飢渴卻是永遠無法得到滿足。當時在她的村落裡，女孩子去學校上學並不常見，但是娜妮堅持要到學校上課。有時她因爲生病而被留在家中，但她還是會想盡辦法偷偷跑去上課。晚上，她通常會跟父親一起坐在餐桌邊，要求父親跟她一起討論學校的功課，雖然大多數的孩子都不會把功課帶回家裡。

在那個時代的印度，一個女孩的童年很早就結束了。那些有幸去上學的女孩，五年級以後就再也沒有求學的機會。根據當時的傳統，娜妮必須在第一次月經來潮前嫁出去。所以在十二歲的時候，她被帶離學校，嫁給一個二十五歲的男人。她的未婚夫拉雅尼．拜魯雅（Rajani Ranjan Barua）是一位來自隔壁希法塔（Silghata）村的工程師。依據當時的習俗，在婚禮儀式結束後，娜妮就必須馬上跟她的夫家住在一起，這使得娜妮非常想念她的家人。更糟糕的是，新婚一個禮拜後，娜妮的丈夫就回到緬甸的工作崗位了，娜妮一個人留在夫家跟嚴苛的公婆住在一起。她十分害怕那些親戚，雖然她偶爾可以回家探望自己的父母，但是夫家的人很快就會來把她帶走。

度過了兩年不快樂的婚姻生活之後，十四歲那年，娜妮搭上了一條前往仰光的船，準備在一個陌生的國度，和一個她只認識一個禮拜的男人開始過新的生活。才剛剛下船，這個來自鄉村的膽小女孩就被周遭的環境嚇壞了。仰光，一個充滿陌生面孔、漫天喧囂、陌生無比的城市，人們說著她聽不懂的語言。剛開始的時候，娜妮感到非常孤單，常常因爲思念故鄉和家人而徹夜哭泣。

無法懷孕的憂傷

娜妮的婚姻生活依然充滿了挑戰。雖然先前她的母親與嬸嬸們都一再教她該怎麼操持家務，但是沒有人告訴過她關於「性」這方面的事情。她的丈夫是第一個跟她談性的人，但這個女孩的反應卻是十分震驚、緊張，並感到極度的羞恥。剛結婚的第一年，她非常怕自己的丈夫。在這一年當中，拉雅尼對妻子一直都非常的溫柔而且態度相當支持，從來沒有強迫她做過什麼。到後來，隨著他們兩人的信任關係漸漸地發展，娜妮發現到丈夫個性的可貴之處。接下來的幾年間，這兩個年輕人深深地墜入愛河。娜妮在晚年的時候常常提到，她認爲拉雅尼是她的第一位老師。

然而，這段快樂的婚姻關係卻蒙上了一層可怕的陰影。當時印度的傳統習俗，照例會期待新婚妻子在婚後第一年就能夠生下孩子——尤其是生一個男孩子。但是娜妮結婚好幾年了，卻依然沒有傳出懷孕的消息，她去找醫生及各式各樣的靈療者，但是沒有人能找出她無法受孕的原因。這個情況造成她生命中巨大的羞恥和憂傷。幸運的是，拉雅尼並沒有因爲娜妮無法生育而責備她，他依然是一個慈愛、有耐心而且體貼的丈夫。

雖然拉雅尼能夠接受這輩子可能沒有子嗣的事實，但是他的家人和鄰居可不這麼認爲。他們非常擔心娜妮會讓拜魯雅家族斷了香火，就以家族中有人生病爲藉口，把拉雅尼誘騙回故鄉契塔剛。拉雅尼才剛踏進家門，便有人告訴他婚禮馬上就要進行，他的新婚妻子已經在等著他了。拉雅尼當下拒絕這門婚事，他對親戚們說：「當我娶娜妮時，並沒有告訴她一定要生孩子，不然我就會離開她。這並不是我們婚姻的條件，如果我現在因爲這樣而離開她，對她太不公平了。」

拉雅尼回到緬甸，並且安慰娜妮說，再也不需爲沒有孩子這件事擔心了。他要她把每一個所見到的人都當成自己的孩子看待——多年後，娜妮以無比偉大的方式實踐了這個勸勉。

對母親的離世，哀痛逾恆

娜妮十八歲的時候，母親突然去世。雖然她先前曾經夢見過母親的死亡，但是在得知消息後還是非常震驚。自從她搬到緬甸，跟母親只見過兩次面。即使在許多年後，她仍然爲喪母感到心痛。然而就在母親過世後不久，娜妮也因爲傷寒發燒而崩潰。由於醫師的誤診和延誤治療，娜妮在醫院裡住了好幾個月。

娜妮的母親身後還留下了一個十八個月大的畢喬伊（Bijoy）。娜妮的父親沒辦法照顧這個嬰孩，娜妮和拉雅尼就趁此機會把這個最小的弟弟當做自己的孩子來照顧，畢喬伊因此被送到了仰光。

娜妮和拉雅尼在佛教徒的社群中非常活躍。他們除了遵守佛教的五大戒律——不殺生和不傷害、不偷盜、不淫行、不妄語，以及不喝酒等戒律外，還每日奉行誦經儀式，每年贊助兩個地方性的廟會，並且對當地的僧侶進行布施。他們夫婦倆尤其以慷慨布施聞名：他們幫貧苦家庭的孩子繳學費，也爲無家可歸的人提供住所。

娜妮剛到仰光的時候，內心便湧起了強烈的欲望想要學習禪修。一般來說，雖然女孩子們沒有學習禪修的慣例，然而她不斷地要求拉雅尼，希望能得到他的許可。每當她提出要求，丈夫就建議她，等她老了以後再說，並勸她遵循傳統的印度習俗，把禪修的時間延後。所以，娜妮到晚年時，在了卻所有家務的責任之後才開始禪修。

雖然娜妮不會說緬甸話，但她還是想盡辦法讓自己在這「第二故鄉」接受一個佛教徒的教育。每當有機會找到孟加拉語的宗教書籍時，她就會開始自行研讀。至於其他的書籍，則是靠著十三歲外甥桑尼（Sunil）的幫助，幫她把佛教經典從緬甸語翻譯成孟加拉語。桑尼對於娜妮的勤學好問，以及能夠博聞強記所有讀過的經文感到非常驚訝。多年以後，娜妮完成一連串的心理測試，更證明了她擁有天才級的智商。

一九四一年，娜妮三十一歲時，緬甸正遭受日本軍隊的攻擊以及占領。那是一段充滿恐懼、物資匱乏而又艱苦的歲月。一九四五年二次大戰結束時，已經長大成人的弟弟畢喬伊回到印度去建立自己的家庭，此時的娜妮面對空盪盪的房子以及父母雙亡的事實，她心想，現在該是學習禪修的時候了。

奇蹟與打擊

然後，奇蹟發生了。經過了二十多年的努力，娜妮發現自己懷孕了。她在三十五歲那年，滿心喜悅地生下一個女孩；然而，孩子卻在三個月後因病死去。遭受嚴重打擊的娜妮因爲悲傷過度而心臟病發。

四年後，娜妮又幸運地再度懷孕。這次她又生下了一個女孩，她把這個小女娃命名爲蒂帕（Dipa）。這個時候，娜妮才開始被暱稱爲「蒂帕嬷」，也就是「蒂帕的媽媽」。既然蒂帕二字表示光明之意，那麼娜妮的新名字也就代表了「光明之母」的意思。

當娜妮第三度懷孕時，蒂帕還只是個牙牙學語的健康孩子。娜妮這次所懷的是非常重要的男胎，但這個孩子最後卻胎死腹中，這次的打擊又讓蒂帕嬷再度陷入了難以平復的悲傷中。在傷心絕望之餘，蒂帕嬷要求拉雅尼有機會能夠讓她學習禪修，以減輕內心的悲傷。但她的丈夫還是告訴她說時候未到，於是她威脅說要離家出走，從此，拉雅尼和鄰居們就開始監視她的一舉一動。

但他們的高度警戒實在是多餘的，因為蒂帕嬿身受高血壓之苦，有好幾年的時間只能躺在床上，根本無法下床，更別說離家出走了。這段期間，蒂帕嬿一心想要尋死。這時候，她的丈夫拉雅尼獨自肩負起照顧妻子以及學步中女兒蒂帕的責任，在此同時，他還擔任全職的工程師職務。蠟燭兩頭燒的結果，終於把拉雅尼壓垮了。一九五七年的某個夜晚，他下班回來後，告訴妻子說身體不太舒服，幾個小時之後，他就因心臟病發而離開人世。

2

覺　醒

「當我死時，能夠帶走什麼？」

蒂帕嬷和穆寧拉，加爾各答，1978（攝影者不詳）。

蒂帕嬤在十年之內失去了兩名子女，也失去了丈夫以及自己的健康。她在四十多歲時成爲必須獨立扶養一個七歲女娃的寡婦。此時的她，父母都已經不在人世，印度家鄉又遠在千里之外，而她自己則深受悲傷和困惑的打擊。

「我不知道該何去何從、該做些什麼、或是該如何謀生。」她說：「我根本一無所有，也沒有任何人可以依靠。」幾個月過去了，她卻只能手握拉雅尼的照片，終日以淚洗面。在接下來的幾年當中，她的健康情形日益惡化，後來狀況嚴重到讓她覺得唯有藉由練習禪修一途，才有存活的希望。她想到自身處境的荒謬與矛盾——當她年輕健康，而且一心渴盼學習禪修時，卻受到阻攔而無法如願。如今，她整個人心力交瘁又必須獨立扶養一個孩子，在內心沮喪且面臨生死關頭之際，卻發現自己別無選擇，如果她再不做點事情來提升自己的心智，那麼她就會死於絕望心碎。

她問自己，「當我死時，能夠帶走什麼？」她環顧身邊的嫁妝，她的絲質紗麗和金飾，她甚至注視著自己的女兒。「雖然我非常愛她，但我知道自己無法帶她走……。所以，我說，『讓我到禪修中心去吧！或許我能夠在那兒找到某些死後帶得走的東西。』」

要死也要死在禪修中心

在她人生跌到最谷底的時刻，佛陀在她夢中顯現。佛陀清晰地呈現，並輕誦《法句經》❶的頌偈，這原本是安慰痛失愛子的父親的施偈：

緊抓著至愛會帶來悲傷，
緊抓著至愛會帶來恐懼。
那些完全不受貪愛繫縛的人，
內心沒有悲傷或恐懼。

❶《法句經》：*Dhammapade*，書名，意謂「真理的語言」，是三國竺將炎和支謙共譯的佛教典籍，兩卷，三十九品，七百五十二偈，係採自佛經偈頌，分類編輯而成。本經除漢譯本外，尚有巴利文和藏文傳本，內容略有不同。在南傳佛教，本書為佛教徒的必讀之書。

當蒂帕嬤覺醒後，她的內心一片清明澄靜。她知道不管自己健康情況如何，都必須學習靜坐禪修。她了解佛陀的勸勉：如果她想獲得內心眞正的平靜，就必須修行，直到自己能解脫任何執著或悲傷的束縛爲止。

雖然蒂帕嬤畢生都奉行佛教徒的生活方式，但她對於禪修眞正的意涵卻所知甚少。不過，她受到能脫離痛苦、獲得自由的古老修行方式所吸引。內觀（vipassanā，音譯爲毗婆舍那）禪修不是專注於單一對象的修習，而是教人把注意力集中在經驗現象不斷變化的本質上。「內觀」指的是清楚察覺到經驗本身的三種特性：無常、苦、無我的實相。佛陀教導我們，透過禪修，我們有可能突破侷限生命的各種無知愚昧和幻相。依據佛陀的教法，獲得解脫或開悟的關鍵在於體驗到存在的眞正本質。

蒂帕嬤被安排前往仰光的卡瑪特（Kamayut）禪修中心。丈夫生前遺留給她的東西，包括她的財產、珠寶，所有的身外之物，她全部交給隔壁鄰居，並說道：「請把我所有東西都拿走，用來照顧蒂帕。」她打算一去不返。她尋思著，反正自己終究會死，那還不如死在禪修中心。

一開始並不順利

蒂帕嬤初次禪修並不如預期。她到達中心之後，分配到一個房間並得到簡單的指示，人家告訴她隔天下午四點到共修會堂報到。她清晨即開始練習，先是把注意力放在呼吸上，然後注意自己在靜坐時，從心中所生起的感受、思惟和情感。隨著時間慢慢過去，她的注意力更加深沉。某天下午，她前往會堂去看她的老師。突然間，她停了下來，沒辦法再往前走了。她並不明白是什麼原因，只知道自己無法再邁出任何一步。她站在那兒大概五到十分鐘，內心一陣迷惑，但並未感到特別沮喪。最後，她才低頭看見有隻大狗正緊咬著她的腿不放。由於她的專注力非常深沉，在剛開始修行的前幾個小時，她根本沒注意到這件事。

等她從專注狀態中回過神後，蒂帕嬤才向人呼救，試圖甩脫大狗，讓自己得以掙脫。那隻狗一直不肯鬆口，最後是在幾位僧侶合力之下才把狗給拉開。雖然他們向她保證這隻狗沒有狂犬病，不用擔心——很諷刺地，本來蒂帕嬤是來禪修中心等死的，但此時的她卻相當怕死，於是她一連幾天都到醫院接受狂犬病疫苗注射。

每日需往返醫院接受治療，往往使她錯過了進食時間。因爲南亞的僧院傳統是過午不食的，所以蒂帕嬤的身體很快就虛弱不堪，僧侶於是建議她先回家休養再說。

她回家後，小女兒由於她先前的不告而別，所以纏著她不放。蒂帕嬤覺得自己錯失了唯一獲得解脫的機會，因此常因內心的挫折而放聲痛哭。

但她並未放棄禪修。她利用短期密集禪修時所獲得的初級指引，七年來，她在家中儘可能地利用時間耐心靜坐。她有信心自己終究會有另一次參加禪修營的機會。

當蒂帕嬤得知，有位家庭友人兼佛教徒老師阿那加利卡・穆寧拉就住在禪修中心附近時，她邀請他到家中，一面喝茶，一面陳述自己的靜坐經驗。於是，穆寧拉鼓勵她到仰光馬哈希禪修中心（Thathana Yeiktha，位於緬甸首都仰光市），他本人就是在馬哈希尊者[2]這位當時在緬甸極負盛名的僧侶、學者兼禪修大師的指導下，修行功夫日益精進。蒂帕嬤獲得寶貴的機會向偉大的老師學習，再加上同鄉的家庭友人指導。大約在同時間，她妹妹赫瑪（Hema）和家人來到緬甸，所以她就讓女兒蒂帕與姨媽、姨丈和表兄妹同住，自己則前往禪修中心。

蒂帕嬷抱持非常不同的態度看待自己第二次的密集禪修，她不再那麼急切與衝動，而是更詳加計畫和深思熟慮。雖然自從拉雅尼過世後，她幾乎夜夜失眠，如今更發現自己無法保持清醒。但是到了第三天，她就能夠進入一種深定的狀態，原先那種嗜睡和嗜吃的渴求消失了。穆寧拉擔心她的專注會失去平衡，即使她聽不懂緬甸話，他還是要求她參加馬哈希尊者每週一次的講座。雖然她不想去聽課，但在穆寧拉的堅持下，為了取悅他，便只好去了。

❷馬哈希尊者：Ven. Mahashi Sayadaw（1904-1982），對於上座部佛教國家的內觀禪修具有深遠影響的禪修大師。參學多年後，回到家鄉開始有系統地教授人們四念處的修行方法，更在一九七九年遠赴美國弘法，教導內觀禪修。一九八二年八月因突發心臟病圓寂。

達到初果③的境界

在前往聽課的路上，蒂帕嬤出現心悸的現象。她的身體極度虛弱，最後不得不四肢匍匐，爬上了會堂的樓梯。雖然她聽不懂現場在說些什麼，但還是繼續練習禪修。開示結束之後，蒂帕嬤發現自己無法起身，整個人身體僵硬，因爲過於專注地維持坐姿導致無法動彈。

接下來的幾天當中，蒂帕嬤的修行境界更是戲劇性地發展。這是通往開悟的必要途徑。她神速地在內觀禪修的次第法門攀升，根據上座部佛教傳統的教法。她體驗到一股極明亮的光，接著感覺到周遭的一切事物都在消融。她說，她的身體、地面以及所有東西都化成碎片，破碎又空無。然後這經驗又被巨大的身心痛苦所取代，隨之而來的是，身體產生一股強烈的燒灼和擠壓感。她覺得自己快被壓力擠爆了。

然後，奇妙的事情發生了。這是個單純的瞬間——在大白天，她跟著一群人在地板上靜坐——這一瞬間的過渡是如此安靜又微妙，彷彿沒發生過任何事情。對於這個充滿光輝的瞬間，蒂帕嬷事後只說：「我不知道。」但其實她的生命已經被深刻且永恆地轉化了。

蒂帕嬷三十多年來不斷地尋求解脫，終於在歷經六天的禪修之後，就在她五十三歲這一年，達到初果的境界。正如《清淨道論》❹中所說，上座部傳統提到果位的四個階段❺，每個階段的果位都會在人類心靈中產生清晰明顯的轉變。

❸初果：也叫做初靜慮，四果之一。清淨心中，諸漏不動，是為初果，具有尋、伺、喜、樂、定（一心）等五種功德。心能寂靜審慮，感受到離開欲界之惡而產生喜、樂，心感喜受，身感樂受，故稱「離生喜樂」，但仍有「尋」（覺）與「伺」（觀）的心理活動。

❹覺音（Buddhaghosa）所著的《清淨道論》，是綜述南傳上座部佛教思想的一部最詳細、最完整、最著名的作品，是研究南傳上座部教理的必讀之書。覺音引用了整個南傳三藏要點，並參考斯里蘭卡當時流傳的許多古代三藏義疏和史書而寫成此論。所以，《大史》（Mahāvaṁsa）稱它為「三藏和義疏的精要」；德國的唯里曼．蓋格（Wilhelm Geiger）教授也說這是「一部佛教百科全書」。

❺果位的四個階段：即四果。佛教所說坐禪入色界（離男女飲食睡眠等欲）的四個層次。神定，即由寂靜、善能審慮，而如實了知之意。

原本高血壓的毛病幾乎立刻恢復正常，心悸現象也消失了。本來她無法爬上禪修中心的樓梯，如今登梯已毫不費力，不論緩急，都能夠行走自如。如同佛陀在她夢中曾預言的，日夜縈繞心頭的悲傷消失無蹤了。一直以來，她所懷抱的恐懼不見了，內心只存留前所未有的寧靜和清明的了悟，她已經能夠處理任何事情。

達到二果⑥的境界

蒂帕嬤繼續在仰光馬哈希禪修中心修行了兩個月，然後回到位於仰光的家。幾個星期之後，她開始有一整年的時間頻繁地往返於禪修中心與自己的家之間。在她下一次密集禪修期間，只經過五天的禪修，她又體驗到另一次的突破。這次開悟的體驗與第一次類似，只是帶來更多痛苦。在達到二果的境界後，她的身體與心靈狀態又經歷再次轉化；她的不安減少，精力卻增加了。

認識蒂帕嬤的人都被她的身心轉化所吸引。她幾乎一夜之間從一個病弱、依賴、充滿悲傷的女人，突然轉變成一個健康、獨立又容光煥發的人。蒂帕嬤告訴周遭的人說：「你們都親眼看見了，我因爲遭到喪夫和喪子之痛而心碎欲絕，而且病痛纏身。我受盡痛苦，連路都走不穩。但如今你們眼中所見是怎樣的我？所有的病痛都不藥而癒，整個人煥然一新，內心毫無罣礙。我心中既無憂愁也沒有悲傷，只是非常地喜悅。如果你們來學習禪修，也會感到無比的快樂。其中並無神奇之處，只要依照教導來做就可以了。」

蒂帕嬤的朋友和家人都受到她的激勵，來到中心學習禪修。首先來到禪修中心的是她的妹妹赫瑪，然後是一位密友庫琪嬤（Khuki Ma）。雖然赫瑪是八個孩子的母親，其中五個仍然住在家裡面，但幾乎有一整年的時間，她還是抽出時間跟姊姊一起練習。蒂帕嬤的女兒蒂帕，再加上赫瑪的幾個女兒也相繼加入禪修的行列，眼前這幅景象眞是引人注目：兩位中年婦人帶著年輕的女兒，跟著一群披著橘黃色袈裟的苦行僧們一起靜

❻二果：有內淨、喜、樂、定（一心）四種功德，尤以身心喜樂為特徵，故亦名「喜俱禪」。因已離尋伺，名無尋無伺（無覺無觀）三昧（果位）。

坐──通常禪修中心是不收女性修行者的。她們住的地方位在偏僻角落、看起來像是堆雜物的小房間。赫瑪的女兒達烏．麥伊特（Daw Than Myint）還記得，當時她們必須穿過灌木叢，然後攀爬上一座小山丘，才能見得到穆寧拉。

每逢學校放假期間，蒂帕嬤和赫瑪一共要照顧六個孩子。雖然家人之間相處融洽，但家規卻很嚴格。「我們像家人般靜靜地一起用餐，」達烏回憶道：「我們不會抬頭彼此張望，那是很不一樣的氣氛！」在這一整年極珍貴的共修期間，拜魯雅家族的六個小孩，包括四個女孩和兩個男孩，至少都獲得了初果的開悟。女兒蒂帕矢志修行的決心，尤其令母親感到欣慰，因為她希望能留給女兒一些有永恆價值的「無價禮物」。她一再告訴蒂帕，禪修是獲得內心寧靜的唯一道路。

蒂帕嬤的妹妹赫瑪也精於禪修，並且很快就達到跟蒂帕嬤同樣的禪定境界。她的女兒達烏．麥伊特回憶母親威力十足的禪修境界時，描述道：

那時我從大學放假回到家中，母親並沒有像平常一樣在家裡等著向我噓寒問暖，這極不尋常，因爲她從不曾離家太久。弟弟妹妹告訴我，媽媽在禪修中心。當我到中心時，看到母親坐在穆寧拉身邊，氣定神閒，也沒有跟我打招呼，這令我驚訝不已，讓我也想要像她一樣獨立冷靜。我想，如果禪修能改變母親，肯定是威力十足，因此我也一定要走上這條路。不過，想當然爾，後來我也學到了，禪修的目的並非爲了那氣定神閒的模樣。

可惜的是，並非家中每個人一開始都樂於見到赫瑪的改變：

我父親很氣她不做家事，成天一股勁兒地在那兒打坐、打坐、打坐，因此便威脅母親說要把這件事告訴馬哈希尊者。母親則告訴他：「儘管去。」他去見馬哈希尊者時，尊者竟說服他開始做自己的禪修。很快的，他也獲得了一些體悟，從此便不再埋怨母親打坐的事了。

一九六五年時，蒂帕嬤的修持被引導至一個嶄新的層面。那時，馬哈希尊者希望穆寧拉回去印度。身為老師的他告訴穆寧拉，既然他要回到「悉地（成就覺悟）之地」（the land of siddhis，亦指靈通力：psychic powers），就應該對此有所了解。他希望訓練穆寧拉開發靈通力，但是穆寧拉因為全心投入教學，無暇接受這項訓練，反而決定訓練自己的學生，一部分原因也是為了實驗看看是否真有靈通力這回事。為了這個目的，他選定了最優秀的學生，也就是蒂帕嬤和她的家人，並直接以《清淨道論》做為訓練課程。穆寧拉深知靈通力不僅超乎人類道德範疇之外，而且深具誘惑，倘若學生的道德操守未臻至善，極有可能濫用靈通力。而蒂帕嬤之所以被選上，不僅是因為她定力強，更加上她無懈可擊的道德操守。

於是蒂帕嬤、赫瑪，加上她們兩位的三個女兒，開始接受種種靈通力的訓練，包括：使物質消失、分身術、無火烹飪食物、他心通、遊歷淨土與地獄、做時光旅行，以及宿命通等等。蒂帕嬤是穆寧拉的學生中最優秀也最愛玩的一個，據說，她曾經隨興地穿過牆去見穆寧拉，或者隨意地從空氣中變現出物質，也自在地掌握了五大神通（見本書第九章）。

一九六六年，穆寧拉啓程回印度之後，有人開始尋求蒂帕嬤的禪修指引，於是她在緬甸的教學生涯就此揭開序幕。她很樂於跟他人分享自己獲得的祥和寂靜，也影響了許多親朋好友一起加入禪修的行列。

蒂帕嬤的首位正式學生是她的鄰居瑪拉第·巴魯哇（Malati Barua），一位獨自扶養六個小孩的寡婦。瑪拉第這個學生之於蒂帕嬤而言，最大的挑戰就是，她非常想禪修，但是卻無法離開家。但蒂帕嬤相信，無論在何種環境之下，行者都有獲得證悟的可能，於是她爲新學生設計了一套能夠在家中禪修的方法。其中有一個修持是，她要瑪拉第每次餵哺母乳時，以完全當下的察覺心，持續注意嬰兒吸吮乳房的感受。每天餵哺的時間加起來共有好幾個小時，而誠如蒂帕嬤所期望的，瑪拉第從未離開家，卻證得了初階的開悟。

自此之後，蒂帕嬤開始了她的事業生涯，帶領許多家務繁忙的行者，步上智慧之道。

3

無可撼動的寧靜

「如今我全然住於寂靜之中。
無論面臨什麼，我都會擁之入懷。」

蒂帕嬷位於加爾各答公寓附近的街道，1973（洛伊・邦尼）。

一九六七年，緬甸政府下令境內所有的外國人士離境，包括印度移民在內，蒂帕嬤頓時陷入了去或留的困境中。僧侶們向她保證，她一定能以老師的身分，獲得在仰光的特殊居留權，如此一來，她的女兒便也能夠留在這個國家。對外國人來說，這是一種無以復加的榮耀，更不用說她是一個女人，而且還是個帶著孩子的單親媽媽。

蒂帕嬤思索留下來的可能性，但是眼前的政治局勢，特別是在仰光，已經愈來愈糟了。她對蒂帕受教育的品質感到憂心，最後她想，也許是該離開的時候了。她打定主意，回到印度的話，女兒蒂帕可以找到自己的根並且繼續完成母語教育。她們後來搬到某位親戚在加爾各答郊區的家。在那個新的環境裡，蒂帕嬤沒有了想法相近的夥伴，於是邀請鄰近的婦女們一起練習禪修，但她們卻都提不起興趣。

一年後，這位母親帶著女兒搬到加爾各答舊市區中心的一棟老舊建築裡，她們住的小公寓樓下剛好是一間鐵皮屋搭蓋的商店。這間公寓有個壁櫥般大小的廚房，長一百八十三公分、寬九十公分左右。牆上有個煤炭爐；沒有自來水，必須從樓下提水上去，要爬四層樓的樓梯才有水可用；還有一個供幾戶人家共同使用的廁所。蒂帕嬤睡在薄薄的草席上，雖然她在政府同意下進入大學教書，但她們並沒有任何收入，只有靠著家族成員的好意供給。

最後，有件事傳遍整個孟加拉社區，人們都在說，有一位完成禪修的老師從緬甸帶回成果。雖然許多家庭遵循佛教儀式，但禪修對於一般階層的人來說還是很新鮮的東西。蒂帕嬤提供了一些新穎和不同的事物：一種眞正的禪修。結果，全加爾各答只有一位家庭主婦來她家找她。

說話、逛街、煮飯……任何時刻都可以禪修

爲了向那些生活忙碌卻有心要學習禪修的人們展現禪修是門艱難但很有效率的課程，蒂帕嬤教她的學生們每個時刻都可以用來禪修。她說，正念❶可以應用在每一個活動之中，不管你是在說話、熨燙衣服，或者在煮飯、逛街、照顧孩子的時候。她神采奕奕、不厭其煩地說：「在無我的道路中，不論你在做什麼，只要注意到你在做，那就可以了。」在擾攘的日常生活裡，禪修能夠帶來力量。蒂帕嬤堅信在嘈雜的日常生活中禪

修，確實能帶來力量，為此，一位敬仰她的人給她加上了「家庭主婦的神聖守護者」稱號。如果問到正式的禪修跟日常生活中的禪修有何不同時，她一定堅如磐石地回答說：「你無法將禪修與生活分離。」

蒂帕嬤要學生做的每一件事，她自己都先以身作則，而且有過之而無不及，例如：堅守訓誡、一個晚上只睡四小時、一天花好幾個小時禪修等等。學生們照例每兩個禮拜要向她回報他們禪修的情形，而且一年之中要有一些自我引導的禪修時期。當時，加爾各答的人都喜歡談天說地，但蒂帕嬤經常都只是沉默，或者在教學的時候只講幾個簡單的字，她的學生們就能夠在她所散發的無可撼動的寧靜及沉默中獲得皈依。「我生命中只有極少數人可以在出現時就讓我感到寧靜，她就是其中之一。」有個學生回憶道：「我能夠在她的靜默中獲得安歇，就好像在大樹底下休息一樣。」

❶正念：八正道的第七支，又作諦意，意即如實憶念諸法之性相而不忘失，也就是將心念專注觀身不淨、觀受是苦、觀心無常、觀法無我。在此單指念念分明。

這個家庭僅有的一個房間，是蒂帕嬤及女兒和孫子瑞希．拜魯雅（Rishi Barua）的臥房兼客廳。這裡同時還是一個教學場所，學生之中有印度人和西方人——當時的印度已有西方人陸續來到。有時候蒂帕嬤的房間已經擠不下任何學生了，他們只好站在門外的陽台及走道上。由於從早到晚都有川流不息的訪客，不論多麼疲累，蒂帕嬤從未拒絕接見任何人。女兒勸她要多花些時間休息，她堅持道：「這些人是因爲求法若渴才來的，就讓他們來吧。」

就連受戒的僧侶也把她視爲老師，前來尋求她的指導。在學生當中，有一位馬哈薩拉尊者已經受戒十八年之久，他回憶說，有一些人不同意他選擇蒂帕嬤做爲老師，他們問他爲什麼在擁有博士學位之後，還願意接受一位女性的指導，練習靜坐。「我不知道爲什麼，」他解釋道：「但是蒂帕嬤曉得，所以我就來尋求她的幫助。我並沒有把她當成是一位女性，只是把她當成我的老師。」他在蒂帕嬤的指導下做了一次密集禪修，並且獲得前所未有的體驗。蒂帕嬤祝福他，讓他有教書的能力。六個月後，馬哈薩拉尊者於一九七〇年在印度設立了第一家禪修中心。這就是菩提迦耶非常有名的國際禪修中心。

蒂帕嬤的女兒目睹了這群學生所經歷的許多轉變。這些學生剛開始練習禪修時，言行舉止充滿了不安、憤怒、蜚短流長以及惡劣的言詞，經過幾個月的練習後，這些行爲都消失了。男學生也因爲受到蒂帕嬤教導的影響，逐漸放棄以往獵捕動物及魚類的惡習。

因爲蒂帕嬤而第一次和諧共處

傑克．恩格勒，這位在七〇年代中期曾經前往印度進一步修習靜坐，以及從事有關佛教禪修博士研究的學者，談到就連住在蒂帕嬤家附近的人，也因爲她的存在而有所改變：

當她初次搬進這一區的公寓時，那本來是個鬧哄哄而且充滿爭吵的地方，那裡的住户不曾停止過爭吵，而且互相廝喊。因爲有一個公共的中庭，聲音顯得特別大聲。人們整天大聲談論八卦，所以住在那兒的人根本沒有半點隱私。在蒂帕嬤住進去六個月內，那兒的住户開始變得安靜下來，大家也第一次開始和睦相處。

她的出現以及她待人處世之道——寧靜、安詳又溫柔地以慈愛和尊敬對待所有的人，在有必要時，她也會訂出原則並且挑戰他們的行爲，但她這麼做完全是出於關切他人的幸福，而非因爲憤怒或是求她個人舒適的單純欲望。她以個人的行爲樹立了典範，使得人們無法再繼續用以往的憤怒和爭論不休的方式來處理事情。這是她的存在所呈現出來的單純力量：你只要在她附近，就做不出那樣的事情來。眞的，你就是做不出來。

約瑟夫·葛斯坦是第一位認識蒂帕嬤的美國學生。一九六七年，當他待在菩提迦耶的緬甸禪修中心時，他遇到了穆寧拉。後來穆寧拉告訴他，要介紹一個特別的人給他認識，就帶他去見蒂帕嬤。於是，他與她之間的關係後來發展成一種類似母子的親愛關係，這份關係一直延續了二十年。約瑟夫回憶他初次到蒂帕嬤公寓的情景：

要到位於頂樓的那個小房間，首先你得進入一條狹窄的通道，然後爬上一級級的階梯。等你到了她的房間後，會發現裡面充滿了亮光，那種感覺真是美妙。當我要離開的時候，我感覺自己好像是飄浮在加爾各答的街道上，也彷彿是飄浮在街上，準備穿過擁擠的人群，以及漫天的灰塵。這實在是一個非常神奇而且神聖的經驗。

一九七〇年代初期，約瑟夫把他的朋友雪倫·薩爾茲堡介紹給蒂帕嬤，她們兩人之間也產生一種類似的長久關係。蒂帕嬤將雪倫和約瑟夫當成自己的孩子收養，雪倫還提到蒂帕嬤仔細地收藏他們所有的合照，他們經常坐著一起喝茶、看相本，然後一起討論佛法。雪倫和約瑟夫都記得蒂帕嬤是自己見過最和藹可親的人。

來個大擁抱吧！

在七〇年代末期見到蒂帕嬷的傑克．康菲爾德，也提到初次見到蒂帕嬷的情景：

那時我已經出家一陣子，習慣會對老師頂禮，所以我向她跪拜。但我覺得自己有點笨拙——因爲她不是僧侶，而是一位家庭主婦。但她只是把我扶起來，然後非常熱情地給了我一個擁抱。後來她見到我時，也都是用這樣的擁抱方式對我。這眞是非常美妙，她彷彿是在說，「別跟我來這套頂禮的玩意兒，我又不是什麼偉大的老師。」就來個大擁抱吧！

如今，傑克、約瑟夫以及雪倫三人都在美國教導禪修靜坐，他們常告訴自己的學生有關蒂帕嬷的事蹟，然後他們的學生再把這些事蹟傳揚出去。對西方人來說，蒂帕嬷是一個令人好奇的眞實「存在」的人物：她的外型幾乎毫不起眼，這位穿著白色紗麗且弱不禁風的老婦人，就像是「裹在棉花裡的小蟲」；然而，她卻是精神上的巨人。只要進入她所存在過的地方，就會讓人感到像是走進一個充滿力量的場域，在那裡，任何神奇的事情都可能發生，包括覺知的轉變、心電感應似的溝通，還有極為專注的自然狀態。

一九八〇年及一九八四年時，約瑟夫、雪倫以及傑克·康菲爾德邀請蒂帕嬤到內觀禪修協會教導一年一度為期三個月的禪修營。雖然當時蒂帕嬤已經六十九歲，身體狀況非常差，也不適合搭飛機長途跋涉，但她還是欣然接受他們的邀請來到美國。當時，她帶著女兒和剛學會走路的孫子，以及一位翻譯同行。

按幾下按鈕，錢就會吐出來

對蒂帕嬤而言，美國文化是個截然不同的世界，她對美國日常生活的細節完全不熟悉。例如說，洗完澡要把水放掉、人們把狗兒養在屋裡並用碗餵牠們吃東西、玉米片和牛奶要用湯匙舀起來吃，以及街上的提款機按幾下按鈕就會吐出錢來。雪倫回憶當時的情景，說道：

蒂帕嬤的生活十分簡樸，她完全不了解西方的科技。當我們第一次帶她到美國的時候，就先帶她到雜貨店去見識一下。我們把她帶到當時還算少見的幾台提款機面前，然後把金融卡放進去，接著按下密碼，錢就吐出來了。蒂帕嬤站在銀行的牆外面靜靜地看著這一切過程，但她只是不斷地搖頭說，「眞是悲哀，眞是悲哀啊！」我們就問：「什麼事情眞是悲哀呢？」她回答說：「那可憐的傢伙整天都得坐在牆裡頭，既沒有陽光也沒有空氣，等到你們把卡片塞進去時，他們就得讀取卡片，然後把錢遞出來。」

我們一聽，就跟她說：「噢！不，不是這樣子的，其實那裡面根本沒有人，這從頭到尾就只有提款的過程。」她就說道：「啊！那就像是無我(anatta)。」我們說：「沒錯啊。」然後她當場就開始闡述何謂無我，其實這個無我不僅在某種程度上掌控這整個過程，要求我們的身心依照它的突發奇想，或者是意志或願望來執行，而且當我們深入檢視自己的內在，就會產生一種巨大的、彼此連結以及清晰的合一感。

我是應著你們的呼召而前來此地

雖然蒂帕嬤以往的教學經驗並不包含坐在講台前，就著麥克風，面對一整個大禮堂的學生，但她還是盡量考慮到美國學生們的需求，願意配合。由於她並不習慣新英格蘭寒冷的天氣，所以有個學生回憶說，每次當蒂帕嬤抵達共修會堂時，她就整個人裹在大衣和披巾裡頭，你根本不曉得裡面到底是誰。她喜歡語帶節制地向群眾們說：「你們都是我的法子，我是應著你們的呼召而前來此地。」

在一九八四年的美國之旅後，蒂帕嬤因爲身體健康的關係無法再到美國，於是她就在加爾各答的小公寓裡繼續教學，直到五年後去世爲止。她在一九八九年九月一日晚上過世，享壽七十八歲。她走得非常突然，當天晚上她在女兒蒂帕下班回來後，表示身體不太舒服。女兒就問她是否要找醫生來看看，蒂帕嬤勉強同意，然後他們的鄰居山帝普．慕蘇迪（Sandip Mutsuddi）就到外頭去找醫生，但一時找不到。當山帝普回來時，他坐在蒂帕嬤身旁，開始替她按摩手臂。他回憶道：

接著，蒂帕嬷要求我摸她的頭，所以我就摸她的頭，然後我開始唱誦她教導我們的經典。當她聽到我在誦經時，便彎身下拜，她朝佛陀拜了幾拜之後，就沒有再起身。於是我和蒂帕就把她從地板上扶起來，這時才發現她已經斷氣了。她是在敬拜佛陀時過世的，她的面容顯得十分地寧靜與安詳。

幾天後，有將近四百人來參加蒂帕嬷的葬禮。她的遺體平放在一張帆布床上，學生們列隊一一經過她的身旁瞻仰遺容，並向老師獻上花環，直到她全身被鮮花所覆蓋。

part 2 蒂帕嬤的心靈之道

4

超越極限

「你可以做任何想做的事情。」

蒂帕嬷在內觀禪修協會，1980（瑪莉亞・孟羅）。

我們從蒂帕嬤的生平可以看得出來，禪修之路是一場轉化的旅程。在這旅程中，所有我們珍視的信念，以及任何的自我設限，隨時隨地都會受到挑戰。一個老師最重要的任務就是讓學生不斷地挑戰極限，挑戰一些不可能的事情，並且去顛覆一些所謂的「我辦不到」這樣的念頭。到底那個我辦不到的「我」是誰呢？什麼又叫做「辦不到」呢？其實辦不到只不過是心理上的限制。

欲望是修行的阻礙

蒂帕嬤透過自己能力的發展，已經清楚看見一個人心靈的力量是沒有任何限制的。有時候她對自己的信念及建議，表現出大無畏的勇氣，而有時候她只是沉默地走在自己應走的道路上。她會陪著學生一起探索自己內心的極限，然後激勵他們超越極限。她也教導學生：「超越極限意謂著願意表露自我的單純意願，並且讓事情得以明朗和獲得解決，然後我們從那個點開始，再接再厲，繼續努力下去。」

然而，轉化的旅程包含的不只是超越個人極限的堅定努力，還需要我們的努力、企圖以及能量都獲得平衡。蒂帕嬤常常說：「如果你是爲了某種生活而修行的話，那麼它就變成了一種阻礙。」無論如何，希望獲得解脫的欲望仍然是一種欲望，而這正是我們通往禪修路上的一大障礙。在某個階位上，走在禪修路上需要極大的熱情，那是不斷讓我們向前邁進的一種動力；但是到了另一個階位的時候，這種非常有用的動力就會變成一種妨礙。當這種努力變成修道上的阻礙時，我們必須有所體認，無論發生什麼事情，我們都能夠堅持下去而不放棄——有時候這就是我們成就一切的動力。

有一位十分精進勇猛的緬甸僧侶班迪達法師❶，經常告誡包括我在內的所有西方學生們說：「要不顧自己的身體或性命，努力地修行。」禪修教師霍華．柯恩（Howard Cohn）提到，蒂帕嬤對修行的態度雖有些微的不同，但是卻十分重要：「修行要不顧自己的身體或性命，並且要用全心全意的愛去修行。」蒂帕嬤提出一種完美成熟的努力方式，這種方式包含了力量和自在，而且也兼具了陽剛和陰柔之美。修行所需要具備的不只是一種像武士道般充滿熱情的態度，它還要求我們往自己的內在尋求慈悲與愛。我們也可以像蒂帕嬤一樣，從一個童貞般的神奇之地展開修行，在這塊純淨美善之地裡的眞實與誠懇，都是無法被征服的。

修行的了悟，時時刻刻的驚奇

禪修教師史蒂芬·史密斯（Steven Smith）觀察到：「在蒂帕嬷身上……，有一種關於精進努力的神奇特質。每一件事情都是一種探險；從夜半到天明的徹夜修行也是一種探險的體驗。從她身上具體展現一個事實，那就是我們從修行得到的了悟，可以是來自於生命中時時刻刻的驚奇。」

「她教導我，所謂的『正念』，並不是某種我們努力求取的東西，」她的學生雪倫·克萊德（Sharon Kreider）呼應這個看法：「正念隨時都在那裡，隨時隨地都在進

❶班迪達法師：U Pandita（1921-），馬哈希尊者的五大弟子之一，是一位極富國際聲譽的修行導師，長期教導國際修行人禪坐技巧。班迪達對法的價值觀及人的價值觀的看法是，若以人的價值觀衡量，那麼佛陀就不用放棄家庭去修道，因為人的價值觀的最高目的，在於處理人際關係；但是法的價值觀的最高目標，則是開悟解脫。

行。與其說正念是某種必須去捕捉的東西，不如說它是隨時隨地都會以眞實的面目存在，而且隨時都會生起的東西。」對許多西方的學生來說，在修行中遭受最巨大的挑戰，可能是來自於必須在精進、自在、溫柔，以及慈悲地接受之間所取得的一種平衡。

週末也要修行

當蒂帕嬷問我關於修行的狀態時，我告訴她，我每天早上和晚上都會靜坐，其他時間則專心工作。她問我：「那麼，週末的時候你在做什麼呢？」我不記得當時是怎麼回答的，但是她的回應是：「你還有兩天多出來的時間，那麼你應該整個星期六、日都在從事修行才對啊。」接著她就把一份很嚴格的功課交給我，告訴我該如何盡量地利用自己的時間。我從來都沒有忘記這份功課——那就是自己必須隨時隨地修行的這個念頭。

鮑伯・雷（Bob Ray）

不要偷懶！

蒂帕嬷臨終前，我與她的最後一次見面裡，她告訴我說我應該靜坐兩天。她的意思不是只要兩天的禪修，而是要整整地靜坐兩天！我不得不大笑起來，因為這件事聽起來幾乎是不可能的。但她只是用毫不妥協的熱情單純地告訴我說：「不要偷懶！」

約瑟夫・葛斯坦

從不停下腳步？

當蒂帕嬷在一九八四年來到內觀禪修協會做三個月的禁語禪修❷時，約瑟夫和雪倫搭配成一組一起教學，我則和蒂帕嬷搭配。一整個早上，我們都在跟學員們做個別小

❷禁語禪修：修行時的禁語，旨在體驗無語寂靜的功德。禁語常在閉關法會或密集禪修中成為要求重點，其實徹底的禁語，除了摒除語言談話之外，更要放下心中的雜念、妄想、幻想，停止內在的議論和自我對話，回歸寂然靜默的「語」之本質。

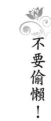

參，然後吃完午餐，蒂帕嬷就回到她位於對街的住屋，我則回到自己的房裡休息，下午才開始繼續教學。

就在我要開始來一場愉快的午休之前，我會望向窗外，然後看著蒂帕嬷在屋外經行❸。那一年她體弱多病，加上天氣非常寒冷，隨時都可能會下雪，她卻逕自裹著白色棉布的紗麗，在雪地中走來走去。眼前所形成的這幅景象是，一個心臟有問題的老嫗在雪中走路的情景。

我則是望著窗外，然後看著蒂帕嬷，再回頭看看自己的床，又看著蒂帕嬷……，發覺我必須接受自己的極限。我明白此時此刻我不能走到屋外去從事經行，我必須要能夠明白並且接受彼此的不同。蒂帕嬷對於獲得全然的解脫以及真正的自我完成，有著無比的熱誠，這使得她個人散發著無比的力量，而這份力量卻又無比甜美。她從不願意停下腳步，我們從她的行為中也可以看出她完全沒有任何的嫌惡或是執著，抑或是任何退縮的跡象。我在她的行為中看到了所有這些特質，然後我就去睡個午覺！

蜜雪兒．麥當勞（Michele McDonald）

沒有什麼不可以

一九七四年時，我行經加爾各答去向蒂帕嬤道別，我告訴她：「我要回去美國一陣子，改善一下自己的身體狀況，然後去籌募一些錢，之後我就會回來。」她搖搖頭，堅定地說：「不行，當妳回到美國時，就要跟約瑟夫一起教導禪修。」

我說：「不，我不行。」

她說：「可以，妳可以教的。」

我又說：「不，我不行。」

最後，她只是直直地看著我的眼睛，堅定地說：「妳可以做任何妳想做的事情，一切只不過是妳的想法阻礙了妳的行動。」她又補充說：「妳應該教導禪修，因為妳真的了解什麼叫做受苦。」

---

❸經行：在一定的場所中往復回旋地行走。通常是在吃過飯後、疲倦或坐禪昏沉、想打瞌睡時，即起而經行，是一種調劑身心的安靜散步。

這正是我回到美國之前，臨別時她贈送給我的最美麗的祝福。這已經是二十八年前的事了，而她說得一點都沒錯。

雪倫・薩爾茲堡

可以一天只睡四小時

「如果妳是個家庭主婦，如果妳有足夠的時間，」蒂帕嬷跟我說：「在每天清晨的時候，妳可以花兩個小時練習靜坐，到夜晚時，可以再花兩個小時靜坐。妳要學會一天只睡四個小時，沒有必要睡超過四個小時。」

從那天開始，我就縮短自己的睡眠時間。有時候我會一直靜坐到半夜，或者在清晨兩三點時起床，然後開始靜坐。蒂帕嬷告訴我們：「必須讓身體保持健康，這樣我們才能夠不斷地靜坐。」她說每天奉行五大戒律就能讓我們的身體常保健康。

普莉提莫伊・拜魯雅（Pritimoyee Barua）

誰說妳沒時間？

我問娜妮（即蒂帕嬷）：「聽說妳在教內觀禪修，那是什麼？」

她向我解釋什麼是內觀禪修，然後說：「我以前也像妳一樣，覺得生命非常痛苦。我相信妳的生命能夠朝向自由之路前進。」

我告訴她：「我要花很多心思在母親和兒子身上；其次，我得養一大家子的人；而且，我還有一家糕餅店要經營，所以根本不可能有時間練習內觀禪修。」

「誰說的？」蒂帕嬷說：「當妳在擔心兒子和母親的同時，要以正念來想著他們。當妳在做家事的時候，也要覺知自己，隨時保持正念。我們生而為人，不可能解決生命中所有的難題。那些妳必須面對以及令妳感到痛苦的事情，都要以正念來面對。」

「但是在糕餅店和家務之間，我根本連五分鐘的時間都抽不出來練習靜坐。」

「如果妳一天能夠找出五分鐘來靜坐，那麼就去做吧。重要的是，妳要盡力而為，不要在乎時間長短。」

「我知道自己根本連五分鐘時間都抽不出來。」

娜妮就問我，能不能當場跟著她靜坐五分鐘，於是我就跟她靜坐了五分鐘。她教導我靜坐的步驟，雖然我一直告訴她說我沒時間。

然而，我還是照著她的教導，每天花五分鐘時間靜坐。我從這五分鐘裡獲得很大的激勵，便從每天五分鐘開始，靜坐的時間變得愈來愈長。靜坐成為我每天生活當中最重要的一件事，只要一有時間我就想靜坐。我花在靜坐的時間愈來愈長，很快地，我可以一天靜坐好幾個小時，有時候在一天工作完畢之後，我甚至可以靜坐一整夜。我發現了生命中前所未有的精力與時間。

蘇迪緹・拜魯雅（Sudipti Barua）

邁向另一個境界

幾乎只要我每次離開蒂帕嬤幾個小時，她就會告誡我要精進地修行。她總是不斷地要我往下一個境界邁進：「我希望你會記得要靜坐幾個小時」，或者是「我希望你試著做某某事」。有一兩次她是用這樣的字眼，「我希望你去做……」她講話的聲音總是非常的柔細，所以聽起來從來不會給人壓迫感，但是在柔細的語調之下有一股堅定的決心。

史蒂芬・史瓦茲（Steven Schwartz）

自在地修行

在我跟蒂帕嬤做為期兩個月的禪修期間，她每次跟我談話時總是把注意力放在我修行上需要加強用功的地方。譬如說，我還有哪一部分的情緒特別強烈？到哪一部分的靜坐時，我的專注力開始減弱？我在每天工作之後如何面對倦怠感？她對於那些進行得很順利的事情不會有任何潑冷水的舉動，但是她總是希望能夠討論一下在修行過程中，意志的持續性是什麼。

蒂帕嬤吸引人的地方在於，她本身就展現了這樣的穩定性或者持續性。不論她是在吃午餐、散步、或者是在跟小孫子玩，她總是非常地專注，而且神情非常地自在安適。

最近我們家的後院養了一隻沙漠陸龜，牠的存在提醒了我，使我了解蒂帕嬤對於修行的態度。雖然這隻烏龜行動遲緩，但是院子那道紮得很堅實的籬笆卻從未成為牠的阻礙。為了防止牠走丟，我們在龜殼上貼上了家裡的電話號碼，每當牠消失了幾天之後，我們就會接到電話通知，叫我們去把烏龜領回來。對於每一次要開大老遠的車子去把牠接回來，我們都大感驚訝；而當我們把牠帶回家放回院子時，只要牠的腳一著地，便又開始了另一次的旅程。

這情形就像是蒂帕嬤的修行，在其中可以看到一股強大的持續性，以及修行本身是多麼的輕鬆容易。她教導我，其實恩典是很中立的：它既不會太多，也不會太少。

凱特麗娜．史耐德（Katrina Schneider）

你眞的在做嗎？

她總是問：「你花多少時間靜坐，保持念念分明到怎樣的程度？在生活中，你有多清醒？覺知度有多高？」基本上這些問題是：「你真的在做嗎？還是你只是以為自己在做這些事？」在生活中隨時隨地保持念念分明是一個非常好的想法，但問題是，你確實是以這樣的方式來生活的嗎？

傑克・康菲爾德

佛法無處不在

在某次密集禪修結束後，我告訴蒂帕嬤要回到正常的生活是多麼困難，因為我住在一個非常偏僻的地方，那兒根本沒有任何的僧團，也就是共修團體。我問她如何能在完全沒有任何共修團體的情形下，自行修行？她說：「佛法無處不在，妳人在哪裡其實並不重要。」

蜜雪兒・麥當勞

你是否有足夠的勇氣？

蒂帕嬤送給我最大的禮物就是，她告訴我人生中什麼東西是可能的，並且努力去做。她的精進努力是無懈可擊的，具備這等決心的人在努力時不會因為過程要花很長的時間，或者因為困難而感到灰心氣餒。那可能要花好幾個月，甚至幾年的時間，但是這無關緊要，因為真正的重點在於我們內心是否有足夠的勇氣。她讓我們看到，只要透過正確的努力，這個世界上就沒有辦不到的事情。

約瑟夫・葛斯坦

沒有藉口

別想在蒂帕嬤面前虛與委蛇、編造藉口，「喔，我實在太累了」、「現在時節因緣不對」、或者「我的背痛死了，今天不想禪修」，這些話在她的字典中絕對找不到。她總是很清楚地告訴你，假使真的想要，就一定辦得到，因為你對自己有著承諾。對她而言，找不到任何理由不去禪坐。她就是不懂為何我們不時時刻刻進行修持！交際應酬根本是不需要的，蜚短流長的談話和垃圾小說就更別提了！

卡羅・威爾森（Carol Wilson）

正念覺知的夢境

有人問蒂帕嬷，她的夢境到底是怎樣的光景。她說：「我的夢裡總是存在著正念覺知。」

麥克・李本森・格瑞迪（Michael Liebenson Grady）

5

透視我們的故事

「放掉思想，信心就會由內在生起。」

蒂帕嬤在希薇雅．布爾斯坦位於加州的家，1980（瑪莉亞．孟羅）。

蒂帕嬷告訴我們，在我們心中充滿了故事，它就像套疊娃娃一樣，會一個接著一個出現。只要你打開其中一個，另一個就在裡面；打開了其中一個故事，另一個故事就在其中。當你把所有的套疊娃娃都打開之後，在最小的那個裡面，你發現了什麼呢？裡面是空的，什麼東西也沒有；而所有環繞在你身上的故事，就像這些一個套疊著一個的空殼子。

由於蒂帕嬷可以完全看透我們內心搬演的故事，因此她並不接受任何一種個人戲劇事件的看法。她希望學生們能夠超越對生命中各種事件的詮釋以及認知，進而從更深層的眞理中汲取生命的養分。蒂帕嬷經歷過生命中許多的艱難險阻，她個人長年體弱多病，又因失去父母、丈夫以及兩個孩子，使她的生命長期處在絕望之中。唯有當她超越了自己生命中所面臨的各種情境時，她才能夠活得自由自在。

沒問題

有時候人們帶著問題來找蒂帕嬤，但她卻總是笑個不停。她沒有辦法停止大笑，最後她總是說：「你面對的這個問題根本不是問題，那是因為你認為這是『我的』問題，你認為在這裡有某件事情需要『我』來解決。不要用這樣的方式思考，這樣你的人生就不會有任何問題了。」

狄帕克．喬赫里（Dipak Chowdhury）

他們是向你身上的袈裟禮敬❶

八歲那年，我依照祖母的建議，在菩提迦耶受戒，出了家，當了三個月的小沙彌。在我受戒後，人們馬上開始向我禮敬。我心想：「哇噢！」我認為自己的身分非常特殊，但是祖母卻告訴我：「不要以為他們是在向你禮敬，他們只不過是在向你這身袈裟禮敬罷了。」

瑞希．拜魯雅

一點也不特別

有一個下午我們前往加爾各答拜訪穆寧拉，當時我坐在汽車後座，蒂帕嬤就坐在我旁邊並且握著我的手。透過她的手，我可以感覺到一股難以形容的愛的溫暖傳進我的身體，使我整個人沐浴在這股愛裡面。大約過了一兩分鐘，我整個人還沉浸在這股愛裡面而欣喜不已，那時我心想：「噢，妳真是特別啊！」正當我開始有這個念頭時，她非常溫柔但也非常快速地把手放開，而且整個旅程中不再碰我的手了。

馬修・丹尼爾（Matthew Daniell）

❶禮敬：又作敬禮，即禮拜恭敬之意。依《大唐西域記》卷二載，印度致敬之儀分為九等：（一）發言慰問，（二）俯首示敬，（三）舉手高揖，（四）合掌平拱，（五）屈膝，（六）長跪，（七）手膝踞地，（八）五輪俱屈，（九）五體投地。

你究竟想做什麼？

一天晚上，有個學生來找蒂帕嬤，然後開始問許多問題。他的提問都非常具挑戰性和衝突性，而且問題的本質都很抽象，他希望能跟蒂帕嬤展開一場辯論。就在這個時候，蒂帕嬤突然停下來，以非常平靜的語氣問他：「你為什麼來這裡呢？你究竟想做什麼？」她的問題所表達的真誠，立刻就讓這個人靜默下來了。

阿姜．桑納聖提（Ajahn Thanasanti）

我的問題得到解答了！

當我一到印度的時候，就希望能立刻見到蒂帕嬤。傑克、約瑟夫，還有雪倫就說：「那就去吧！」所以那天晚上一有機會我就去見她。我手中握有她的地址，但還不知道該怎麼去。當我到達那裡時，天色已經暗了。我還記得當我在這城市的貧窮區裡從計程車下來的時候，我望向這個陰暗又潮濕、而且到處是垃圾的地方，心裡想著：「我不相信會是在這裡。」但的確就是在那裡。

我沿著走道向右邊走，然後來到一處樓梯口。人家告訴我是在四樓，但是一時之間很難分辨，而且我開始愈來愈憂慮，剛開始的時候我還以為自己走過了頭。最後我終於來到四樓的陽台，然後把她的名字告訴我所看到的人，他們指向另一端面對公共天井的陽台。這個時候大概已經接近六點或七點，她的學生們都已經回家了，此時應該是親人相處或個人獨處的時間。我非常尷尬，不得不承認來這兒之前，並沒有想那麼多。由於那個時候我才剛剛結束四個月的密集修行，大老遠來到印度向她學習佛法，我想我當時實在是把自己看得太重要了。

我看到一位身材嬌小的婦人站在門外跟別人說話，而且她還示意我稍等一下。後來她把女兒蒂帕叫出來為我們翻譯，我自我介紹說是來學習佛法的學生，同時也是約瑟夫．葛斯坦和雪倫．薩爾茲堡的朋友，她聽了，便邀請我到她的小屋裡去坐。

我還記得自己坐在蒂帕嬤的木床上，開始向她解釋為什麼會來這裡，並且告訴她關於我自己所有的密集修行過程以及種種體驗。她的態度非常地親切溫和，仔細傾聽蒂帕的翻譯，整個神情彷佛是在表達，在她生命中沒有任何事情比傾聽眼前這位年輕人說話更重要的了——雖然這個年輕人貿然闖入她家，然後把滿腔的經驗一股腦兒地向她傾吐。然而，就在我不斷對她說話的時候，我內在有某個問題開始得到解答了。

在那之前或從那以後，就再也沒有發生過類似那天晚上的事情。在以前，我當然喜歡和其他人認識——這些年來我見識過各式各樣的人，但從沒有過類似的體驗。我愈是滔滔不絕地說下去，內心深處愈是生起一波一波痛苦和混亂的感覺，那股感覺淹沒了我。我整個心開始失控地旋轉，並感覺自己已經開始胡言亂語了，這使得我感到十分羞愧。先前自以為是的崇高莊嚴感，所有的修行經驗，以及在這個不凡的朝聖之路上各種特殊的體驗等等，都在這一刻整個垮下來。蒂帕嬷並沒有做任何事情，她只是靜靜地坐在那裡，溫柔地握著我的手，然後非常專注地看著我。

傑克・恩格勒（Jack Engler）

了悟世事無常

當我的兒子在一九八四年去世的時候，蒂帕嬤的一番話讓我醒悟過來。那是一段令我難以忘懷的教誨：「如今妳的兒子已經從這個世界離開，妳為何如此震驚呢？世事都是無常的。妳的生命是無常的，妳的丈夫是無常的，妳的兒子是無常的，妳的女兒也是。妳的金錢是無常的，妳的房子是無常的，萬物都是無常的。這世間並沒有永恆的事物，當妳還活著的時候，或許妳會認為：『這是我的女兒，這是我的丈夫，這是我的財產，這是我的房子，還有這輛車子屬於我。』但是當妳死了之後，沒有任何東西是屬於妳的。蘇迪緹，妳認為妳是一個很認真的修行者，但是妳真正應該學到的是，萬物都是無常的。」

蘇迪緹・拜魯雅

別再憂慮

我最害怕的事就是，失去丈夫或者失去孩子——這些事都發生在蒂帕嬷身上，然而她還好端端地活在這個世界上，整個人顯得非常平靜而且充滿喜悅。看見她跟我有同樣的遭遇，卻沒有任何的煩惱，這點實在是非常激勵人心。

希薇雅・布爾斯坦（Sylvia Boorstein）

學習放下

有幾位美國人由於關心蒂帕嬷居住在那麼惡劣的環境，就募集了一些錢，想要幫助她搬離市中心。其中有一位學生回憶起他把募到的款項送到蒂帕嬷家的情景。

當時我一共募到兩千五百美元的捐款，我估算一下，在印度大約可以蓋半棟房子，所以這筆錢一定足夠讓蒂帕嬷一家人過一整年。因為我非常敬愛她，也或許是我覺得自己很重要，所以就自告奮勇，負責把錢送到她家。雖然我自覺責任重大，但還是滿心歡喜。

「等她見到這筆錢，一定會非常高興。」我心想：「這筆錢足夠蓋半棟房子呢！」當我到達那裡的時候，我跟她說我帶了一些美金來。她說：「我們不能兌換美金，我們連擁有美金都不可以。你應該先把它換成盧比（印度的幣別）。」

根據當時的匯率計算，兩千五百元美金大約值四萬五千盧比。於是我就去美國運通銀行把美金換成盧比，當時盧比最大的幣值是一百元。等我離開銀行時，整個背包塞滿了盧比紙鈔。

由於我曾經在印度被搶過兩次，其中一次是一千美金，所以我現在身上帶著這麼多現金走在加爾各答的街上，心裡感到十分害怕。我覺得自己好像是把蒂帕嬤未來的前途都背負在肩上，包括她的房子、她所有的財產，以及她能夠享受舒適生活的機會。我從銀行出來就直接回到她住的公寓，大約花了一個小時才回到她住的地方，在這整個過程裡，我都處在高度憂慮的狀態。但是我實在等不及要見到她了，大家原本以為要花五年才能募到的錢，現在卻只花了三個月的時間，我就帶了一大筆夠她蓋半棟房子的錢來了，我心想：「她一定會很高興的。」

等我到了她的公寓後，整個人已全身濕透。一走進她家門時，蒂帕嬤把手放在我的頭上，給了我她常給的祝福。她說：「你看起來心煩意亂的樣子。」我並不想跟她說，基本上我害怕這個國家的人民，因為我曾經被搶過。相反地，我告訴她：「因為我必須去銀行換錢，這是一筆很大的數目，我很怕身上攜帶這麼多的現金。」

我把背包放下來打開了之後，就把所有的錢都倒在地板上。那個地方突然變得像電影裡的場景似的，公寓的地板上滿滿地放了一堆又一堆的盧比。但蒂帕嬤的眼睛眨都沒有眨一下，她既沒有移動，臉上也沒有任何興奮的表情。她只是把那些錢拿到床底下放好，然後用一塊布蓋起來。

我心想：「放在床底下？一共是四萬五千盧比呢！一般人是不會把錢直接塞到床底下去的，我們還是把錢放到安全的地方吧，這樣才不會被人偷走。妳的新房子呢？我們來談談妳的新房子吧！」

她既沒有談到錢，也沒有談到房子的事情，反而擔心我的狀況。她對我說：「你應該鎮定下來，不要那麼緊張。」然後她轉身對蒂帕說：「我們該帶他去吃點東西了。」

走出家門的時候，我心想，或許我應該提醒一下蒂帕有關錢的事情，於是我跟她說：「妳母親把所有的錢都放在床底下，我很擔心這樣可能不太安全，妳應該把錢放到銀行去才對。」

蒂帕聽了之後大笑道：「噢！放在銀行裡反而不安全，但是在我家裡面，這筆錢倒是挺安全的。」

我不同意她的說法，不過我隨後就發現這整件事情的問題根本是在我自己身上。其實我不過是傳達他人慷慨的工具而已，但我卻把這整件事情當成是「自己的事情」。當我把自我重要感加入這整個情況中，就開始把整件事看成是了不得的事。即使我已經把錢安全無誤地交給別人了，我還是不願意放下。當蒂帕嬷說：「不用擔心，錢是很安全的。」我終於能夠對她說：「好的，這是妳的錢。」

後來我就沒再問過任何關於那筆錢或者房子的事情，也沒有再去想過這類事情了。

當我走出她的公寓時，真覺得無事一身輕。事實上，我從來都不知道她們到底有沒有蓋那棟房子。這是十五年來，我第一次回想起這件事情。

史蒂芬．史瓦茲

幹嘛難過？

當蒂帕嬤見到不平之事而據理力爭時，有時會引起一些人的責難與批評，但她總是不以為意。她告訴我：「幹嘛難過？連佛陀住世時，一生都得承受他人的中傷與批判，而我只是個再平凡不過的女人罷了。」

蒂帕．拜魯雅

佛法有多麼殊勝

藏傳佛教噶舉派第十六世大寶法王噶瑪巴（日佩多傑），有一年造訪內觀禪修協會時，剛好蒂帕嬤也在此授課。所有的瑜伽士和老師們都上前去接受法王的加持，法王就用法器碰一下每個人的頭。輪到蒂帕嬷時，他卻以雙手捧著她的頭，並輕聲與她交談。雖然兩人素昧平生，但是顯然他們之間正在進行某種交流認證。

依照藏傳佛教的傳統，噶瑪巴蒞臨前的準備工作極為大費周章，要安設法座，並在法座上鋪上美麗的錦緞等等。有些人對這一切感到非常疑惑，因為這跟蒂帕嬷全然的純樸恰好是天壤之別。他們跑去問蒂帕嬷，她說了：「喔，他這麼做是為了讓人們了解，佛法有多麼殊勝。」

約瑟夫・葛斯坦

6

最深刻的自由

「我漸漸明白何謂痛苦——

痛苦的原因、痛苦的生起，以及痛苦的止滅。」

蒂帕嬤在內觀禪修協會的禪堂，1980（瑪莉亞·孟羅）。

蒂帕嬷毫無條件地相信所謂的「開悟」，也就是心靈完全的解脫，是我們人生的目標以及禪修最主要的原因。她總是不厭其煩地提醒學生們：「你們應當精進修行，直到至少明白什麼是開悟的程度，否則就算不上是好好地利用自己的人生。」

在上座部的佛教傳統中，鮮少提到關於開悟的實際經驗。許多老師們對開悟這個主題諱莫如深，主要原因是爲了避免樹立某種讓學生只定睛於此而奮力追求的態度。在這一章裡，我們將特別坦誠地討論開悟的經驗，主要的用意就是要讓世人明白，開悟本身並沒有任何祕密或超自然的地方。雖然這些故事可能讓世人產生某種印象，認爲開悟是一件非常容易的事，但也有許多修行的故事告訴我們，開悟是要花許多年、甚至要花幾十年的工夫才能達成。

既然在開悟這條路上沒有所謂「正確的方式」，所以我們也無從加以論斷、比較或者是預期。約瑟夫．葛斯坦曾提出重要的告誡：「開悟的經驗是有關於『放下』自我。這麼多年來，我看過各式各樣有開悟經驗的人，他們往往創造了更多的自我。這是由於緊抓著開悟的經驗不放，並且深深地陷溺其中。這麼做完全是見樹不見林，反而會帶來很多的痛苦。」

神風特攻隊般的修行人

我前兩次為期三個月的禪修，都是那種有重大突破，「威力有如原子彈似的」禪修經驗，我把自己形容為神風特攻隊般的修行人。但是當我進行第三次為期三個月的禪修時，整個人從頭到尾哭個不停。有時候我的內在產生一種巨大的痛苦，像被撕裂的感覺，我會覺得連靜坐五分鐘都坐不下去了。剛開始當我把這樣的現象向蒂帕嬤報告，她只是建議我「觀照它」。

但最後我整個人到達了一個臨界點，我覺得再也坐不下去，整個人彷彿快要爆炸一般。這時蒂帕嬤就過來坐在我身邊，拉起我的手握著，並且用愛和溫柔輕撫它，彷彿在撫摸一個小嬰孩。她一面這麼做，一面安慰我說：「如果你能突破這一關，就會獲得莫大的功德。」

她這麼做的時候，有一股絕對的信心和愛就這樣傳達到我身上。我的疑慮消失了，

蒂帕嬤在內觀禪修協會，1980（瑪莉亞．孟羅）。

蒂帕嬤在希薇雅・布爾斯坦位於加州的家，1980（瑪莉亞・孟羅）。

蒂帕嬤在內觀禪修協會，1980（史蒂・史瓦茲）。

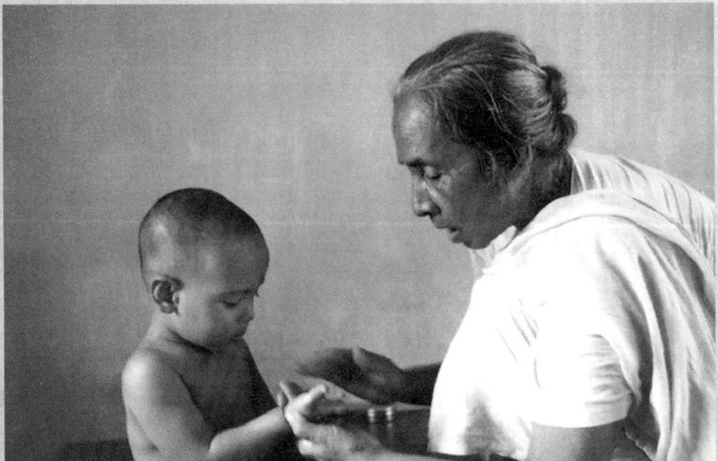

幫孫子瑞希洗澡，加爾各答，1979（攝影者不詳）。

並且完全地相信她所說的話。於是我回到會堂，坐在我的墊子上面，然後……，內在有某種東西就這樣打開了。我不知道該怎麼用言語來形容這樣的經驗，我開始體驗到類似在經典著作中所提到的那種開悟的經驗。在這段期間裡，蒂帕嬤用一種很特殊的決心在引導我。

我非常感謝她鼓勵我精進不懈地修行。雖然過去兩個半月以來，我因為內在的不安與痛苦而飽受折磨，一心一意只想捲舖蓋走人，她卻幫助我在禪修的路上精進不懈。

無名氏

你開悟了嗎？

蒂帕嬤到我的學校進行為期三個月的禪修指導，在課程結束時，我們跟她一起進行週末的密集禪修。在密集禪修開始的前一天，她告訴我：「你將會獲得某種開悟的經驗。」我心想：「這話到底是什麼意思呢？」

當天晚上我靜坐了一會兒，然後因為覺得非常困倦就站起身來。回到自己的房間時，某個念頭一閃而過，我明白自己必須回到會堂繼續靜坐，所以我又回去靜坐了。然後，我整個人變得非常地專注。我只是專心地觀察自己的呼吸，注意著每個上升又落下的小宇宙，並且有能力看著所有的念頭來來去去。這些念頭就好像一個一個會破滅的泡沫，念頭就在那裡產生，它會過去，它靜止不動，之後又有一個念頭生起，然後就像泡沫一樣在水面上破滅了。

這整個過程彷彿不是我自己在做這件事，因為我絕對沒有能力達到那樣程度的專注。我認為這整件事其實都是蒂帕嬤的「恩典」，這當中有一種不可思議的寧靜，而且在思緒之間存在著某種巨大的空間，在這空間裡沒有任何事情發生。

然後覺知產生了某種巨大的轉移，彷彿我從某個地方「出來」，我的注意力整個翻轉了過來，我的身體也不存在了，只有事物不斷地生起和消失。這樣的特殊經驗讓我完全無法招架。

第二天蒂帕嬤問我：「你開悟了嗎？」不久，由於我在禪修方面還沒有什麼經驗——我在這方面沒有任何的背景或經驗，所以內心產生了極大的恐懼。首先是內在產生了這股不可思議的洞見，然後當我看見所有的事物都不斷地生生滅滅時，內心產生了極大的恐懼。我整個人變得非常困惑，但當時的我並沒有能力去觀察這股困惑，一直到很久以後，這份不可思議的經驗才在我心裡面成熟並且轉化。一直到三年後，我才又產生想要禪修的念頭。

無名氏

對蒂帕嬤的印度學生們而言，開悟是一件非常實際的事情。傑克．恩格勒就回憶道，他們把修行當成是自己家庭和日常生活中的一部分。「當蒂帕嬤注意到學生的內在已經獲得某種程度的成熟之後，她就會說：『把自己的事情安排一下，看能不能挪出兩個禮拜時間到我這兒來，待在我隔壁的屋子裡，全心全意地進行十到十四天的禪修。』在這段時間裡，有許多人就獲得了開悟。這就是他們所做的密集式的禪修，有些學生在這段期間還是必須回家去處理一些世俗瑣事。」

只要兩三天就開悟了

我每天晚上帶母親（蒂帕嬷的妹妹赫瑪）到寺廟去，有一天我在那裡碰到了一位緬甸女子，她告訴我她在家裡跟孩子們一起修行的經過。她白天工作，晚上等孩子們都睡著後，她就開始靜坐。她說，在兩個月內，她就已經完成了初階的開悟。

所以當我在攻讀碩士學位時，就以這個女人的修行經驗當做榜樣。我早上四點鐘起床，靜坐到五點半，之後到學校上課，一直到下午三點半回來。然後我帶母親去寺院，接著就開始做功課一直到晚上九點。然後我會帶小狗去散步，做一個小時的行禪❶。最後，我會再靜坐一個小時，到晚上十一點，大約十一點左右上床睡覺。

在這一天當中，不論我是在前往學校的公車上，或者是在課堂上，或者是身處於任何地點，我都一直在修習觀照，這是一種心理上觀察任何一個覺受的經驗。經過兩三個星期之後，穆寧拉告訴我應該放自己幾天假，跟他一起去靜坐。我說我沒有辦法向學校請假，他卻說：「只要兩三天就可以了。」所以我就跟著他從星期四到星期天一起去靜坐。由於時間非常寶貴，所以我決定星期四整晚不睡，一直靜坐到星期五。

在星期五凌晨一點鐘左右，我覺得有某些事情「不太對勁」。到了早上，我告訴母親和蒂帕嬤說，有些奇怪的事情發生了。她們就開始不斷地大笑，並告訴我那個就是初階的開悟，她們為我感到十分高興。

達烏．麥伊特

老虎來了也不怕

打從我第一天看見娜妮（即蒂帕嬤）開始，她就教導我該如何靜坐，並且告訴我說：「妳可以在家裡面修行。」那天下午，我回到家之後馬上展開為期二十天的修行。

在這二十天的靜坐期間，我覺得自己發高燒，彷彿有一個很燙的熨斗穿透了我的身體。然後我看見到處都是蛇，還有老虎向我衝過來。我把這些現象告訴蒂帕嬤，她只是

❶行禪：與坐禪方式有別，行禪就是在行走之際練習禪修。行禪時，以全然放鬆的狀態小步行走，甚至帶著微笑緩步前行，就能體會行禪帶來的喜樂與平靜，所有煩惱可以在步履之中跟著消除。

告訴我：「不必擔心，也不用吃任何藥。嗯，是有點發燒，但這不是生病，它自然會消失的。只要保持正念，感覺它並且觀照它。當蛇或老虎出現時，不用擔心，只要觀照：『好了，老虎來了。』這樣就可以了。」

然後我眼前開始出現非常清晰的屍體畫面。我在某塊乾燥之地看見許多的屍體，而且我還必須在這些屍體上面行走。我整個人嚇壞了，娜妮卻說：「不要害怕，只要用心去觀照就可以了。這些影像都是從我們的『過去生』而來。在我們過去生所做的許多事情，經常會在我們靜坐時出現眼前。」聽了她的指導之後，我開始觀照「看見一個屍體」，以及「跨越屍體」。我還繼續觀照自己，用心靈之眼看待萬物。

不久之後，一切只剩下覺知，萬事萬物都停止了，我的心變得非常清明與寧靜，然後我就覺醒了，所有身心的痛楚都不見了。我這才了解到，什麼是我的身體，什麼是我的心靈，以及什麼才是靜坐之道。在禪修的路上沒有回頭路。經過二十天之後，我離開坐墊，又回到這個世界中。

喬提絲莫伊・拜魯雅（Jyotishmoyee Barua）

再傴僂的背也能挺直

當我在加爾各答做研究時，蒂帕嬤帶了一位鄰居來見我。這個鄰居是一位六十五歲的婦人，名字叫做瑪多里．拉塔（Madhuri Lata）。她辛苦將孩子扶養長大，如今孩子們都不在身邊。跟一般印度家庭不同的是，她只跟丈夫單獨生活在一塊，而不是在大家庭裡一起生活。她的丈夫告訴她：「現在妳沒什麼事情可以做，妳的『嬸嬸』蒂帕嬤如今正在教人家靜坐，妳何不找她談一談？總會找到一些事情做的。」

瑪多里這位有輕度智障的婦人於是跑去見蒂帕嬤，蒂帕嬤就給了她一個最基礎的功課，那就是在每次吸氣和吐氣時，注意自己下腹部的外凸和內縮，從而注意到自己的「起，伏，起，伏」。瑪多里說：「好吧。」然後她就回家了。她從四樓走到一樓，然後跨過穿堂，回到自己的公寓。但才走到一半，她就忘了蒂帕嬤教她做的事，所以她又走回去找蒂帕嬤。

「妳要我做些什麼呢？」她問道。

「起，伏，起，伏。」蒂帕嬷說。

「噢，對喔，就是這樣。」

瑪多里不斷地忘記，就這樣來來回回走了四趟。蒂帕嬷對她非常有耐心。瑪多里幾乎花了一整年時間才了解最基礎的教導，但一旦她了解這些道理後，便開始精進修行，如同一隻勇猛的老虎。在瑪多里開始修行之前，她因為風濕痛、關節炎，以及腸胃道的問題，整個背向前彎傾了九十度。當我見到她時，她已經有了開悟的經驗，整個人的背是挺直的，也不再有任何腸胃不適的問題。她是個最純樸、最和藹可親、也最溫柔的女人。

在她告訴我有關自己開悟的故事之後，她說：「這段時間以來，我一直希望能把發生在我身上這些美妙的事告訴別人，但我一直沒有機會跟他人分享，這是我生命中最珍貴的事情。」

傑克・恩格勒

禪修治好了情緒困擾

有一位越南的基帕帕諾禪師，他雖然有很嚴重的情緒障礙，但是在蒂帕嬤的鼓勵下，還是獲得了洞見。一九六九年，他參加了一次爲期五天的禪修營，在這幾天裡，他無法克制地大哭大笑。他的老師認爲他已經瘋了，就叫他停止禪修回家去。蒂帕嬤聽到了這個消息，就叫基帕帕諾跟她一起修行。基帕帕諾回憶起當時的情景。

我整個月的時間都在她們家跟她一起修行。她教導我：「你可以克服這個難關的。如果你觀照每一件事情，情感上的障礙就會消失。當你感到快樂時，不要陷入這個快樂當中；感到悲傷時，也不要陷入其中。不論內心生起什麼樣的情緒，都不要憂慮，只要覺察它就好。」在後來的這次靜坐中，當我感覺到那股瘋狂的感覺又逐漸生起時，便想起她所說的話。我在情緒處理上有許多障礙，而且打算放棄這次的靜坐，但是我想起了她對我的信心，以及她所說的：「你的修行非常好，只要觀照每件事情，就會克服這個障礙。」由於知道她對我有信心，我的專注力也就更加深了。

我很快就明白，所有的情緒其實都來自於思考，除此之外沒有別的。我發現一旦自己明白如何觀察那些會導致情緒產生的思惟，我就能克服它們。然後我才明白，所有的思惟其實都來自於過去或者未來，所以我就開始活在當下，然後內心生起愈來愈多的正念……。有一段時間，我的內心沒有任何的念頭，只有正念生起，然後我所有的情緒障礙都消失了。就是這麼簡單！接著，我有一種特殊的體驗，我並不確定那是什麼，它只停留了一瞬間，在當時我沒有辦法向任何一個人求證這個經驗。總之，我的情緒困擾從此再也沒有出現過。

不久之後，一九八四年當我在美國看見蒂帕嬤的時候，她把我拉到一邊，問我修行的狀況。我告訴她那時候發生的現象，她說我已經完成了初階的開悟。她對我說話時的態度，猶如母親般溫和。

基帕帕諾禪師

7
你如何過你的人生？

「正念之道的重心就是：
不論你在做什麼，都要覺察它。」

蒂帕嬤結束第一次訪問準備離開內觀禪修協會，傳送祝福給大家，1980（瑪莉亞．孟羅）。

我曾經聽過某位禪修老師的人生伴侶這麼說：「我知道他有學習到某些東西，因為他愈來愈好相處了。」其實，真正改變我們生存方式的是洞見，讓我們能更加溫柔地對待彼此，以及對待這個地球。或許你的修行能夠讓你獲得深刻的「洞見」，但是無論它們多麼美妙，這類經驗都是稍縱即逝的。我們仍然要問，你如何過你的人生？這是一個簡單卻很重要的測試：你如何清洗碗盤？當別人在高速公路上超你車的時候，你會如何回應？

蒂帕嬤就是一個活生生的例子，她告訴我該如何在這個世界上生活，並且如何讓修行與瑣碎的世俗生活融合在一起。她堅持修行隨時隨地都可以進行，而當我們做事情時就要堅持下去，不要讓它們成為麻煩。蒂帕嬤想要知道的是，「你在生活中有多清醒？你只想讓自己保持正念，或者你真正地在實踐？」

蒂帕嬤說，就連說話時，她都是在禪修。不論是談話、吃飯、工作、想念她的女兒、或者是跟孫子玩耍等，任何活動都不會妨礙她的修行，因為她是以正念來做這些事情。「當我在走路、購物、或者做任何事的時候，總是抱持著正念。我知道這些是我必須做的事，但它們並不是問題。從另一方面而言，我不會把時間花在閒聊、串門子、或是任何沒有必要的事上面。」

你怎樣綁鞋帶？

她鼓勵我實踐自己所教導的東西，她的存在對周遭產生的影響，就像某則哈西迪派❶的故事所展現的特質，當某人被問道：「你為什麼要來拜訪這位拉比❷？你是要他對猶太律法做精采的演講，還是要看他如何教導學生呢？」這個人說：「不，我來拜訪他，是要看他怎樣綁鞋帶。」蒂帕嬤並不希望人們來到印度永遠住下來，或是去出家，

❶哈西迪派：Hasidic，猶太神祕主義教派，起源於十八世紀下半葉波蘭一個遭受迫害的派別，特徵是禁欲苦行的生活方式，嚴格遵守清規戒律、膜拜和祈禱採取狂熱呼叫的形式。此派起初反對拉比的權威和猶太傳統儀式，強調與上帝相通的手段是祈禱而不是研究《律法書》。

❷拉比：為希伯來語 Rabbi 的音譯，是猶太人對師長的尊稱，後來專門用來指猶太教內負責執行教規、教律和主持宗教儀式的人。

或是到印度教靜修中心。她說：「你要過自己的人生：去過燒柴洗衣的生活、帶你的孩子上幼稚園、扶養孩子或是孫子、照顧同一個社區的人。要盡全力實踐你的人生道路，並且全心全意地走自己的禪修道路。」

傑克・康菲爾德

在熨燙衣服時開悟

她相信在熨燙衣服時也可以獲得開悟⋯⋯。她認為在從事任何活動時，都應保持極大正念，當中還應有一份關心——關心那個你替他熨燙衣服的人。

米雪兒・李維（Michelle Levey）

與聖者一同洗衣

在我替蒂帕嬤拍攝的八釐米影片中，我最喜歡的是她在曬衣服的一個場景。還記得禪宗裡面說過：「開悟達到至樂之後，仍須燒柴洗衣？」在這個影片中大約有一段二到三分鐘的長鏡頭，影片中的蒂帕孃面帶微笑地站在戶外曬衣服。看見她站在後院裡，全身沐浴在陽光中，真是一件美妙的事。我要讓這個影像停格，然後把這畫面稱為「與聖者一同洗衣」。

傑克・康菲爾德

寓神聖於世俗

我敲了門之後，是蒂帕孃的女兒蒂帕來開門。對於能夠見到蒂帕孃，我非常興奮，而且滿懷與靜坐有關的問題想請教她。幾分鐘後，有位上了年紀的婦人出現了。對於我的出現，她似乎全然不感興趣，瞧都沒有瞧我一眼，可以說根本無視於我的存在。她整個人顯得如此靜默與安詳，如此沉穩與專注，我明白我必須耐心等候，直到她注意到我的存在為止。那其實並不是一種冷漠，而是她整個人散發出一種真正寧靜的氛圍。

當我進入房間時，她撿起了一隻小塑膠鴨，那一定是她孫子的玩具。只見她把小玩具放到窗台的塑膠臉盆裡，然後開始替這隻小鴨洗澡，那神情好像是在幫這個小玩具受洗一樣。讓我印象最深刻的是，她全心全意地在做這件事情。眼前的這個東西如此俗氣，就某方面而言，幾乎跟禪修完全沾不上邊，只是一個老舊的塑膠玩具罷了，但在這整個過程中，她卻是這麼地全心全意。這景象立刻攫獲了我全部的注意力。

安德魯・蓋茲（Andrew Getz）

一雙襪子的美德

當內觀禪修協會那兒的天氣由涼秋轉入寒冬的時候，我的工作是要替蒂帕嬤的家人募集合適的冬衣。有人替蒂帕嬤做了一條披巾，其他人也開始捐出衣服。在我給她的東西裡面有一雙非常舒服保暖的襪子，她經常在室內穿著它，我很高興自己的這份小禮物極具實用性。但因為在那段日子裡我非常忙碌，所以犯了一個無心的疏失，就是沒有以禮物的形式把這些東西送給她。

在七個星期的朝夕相處之後，終於到了必須在機場道別的時刻，蒂帕嬤一家人要回去了。當我再回到屋裡時，內心充滿了悲傷。那段充滿強烈色彩的日子結束了，整個屋子竟給人空盪盪的感受。

當我走近她的臥室時，發現床角整整齊齊地疊放了幾樣東西，其中包括了那雙襪子。我的心直往下沉，無法理解她為什麼刻意把這些東西留下來。

幾經思索後，我終於明白，當初自己把襪子送給她的時候並沒有說得很清楚，所以她不認為自己可以保有它們。雖然這看起來只是件微不足道的小事情，但其中卻包含了只有無懈可擊的道德才能彰顯出的偉大教法。在當時對我而言，這是個痛苦的功課，卻也令人永生難忘。

麥可．葛蘭迪（Michael Liebenson Grady）

無情的當下

我問蒂帕嬤：「請問妳想移到其他房間去靜坐嗎？今天晚上有一個團體會到這兒來。」

「我現在正在靜坐，幹嘛要移到其他房間去呢？」

「嗯，因為我們會在那兒短暫地靜坐。」

「我們正在靜坐啊。」

「但其他人也想加入，他們會在另外一個房間靜坐。」

最後，我終於把她請到另一個房間去靜坐，她可能只是超然地「在那裡」。她的眼睛可能睜開或是閉上，但這其中沒有任何差別。

她出現在我們共修會堂最大的意義是那種何必「移動」的意味——何須如此費神呢？在這段靜坐過程中，有時可能會有五十個人到這裡來接受她的祝福。但無論有多少人前來，她都個別接待並且全神貫注。我從她跟每個人互動時所表現出來的專注與心靈交流，可以看出她是把每個人都當成神來看待的。

史蒂芬・史瓦茲

站著就站著，坐下就坐下

我從未看見蒂帕嬤有過心神不寧或無法專注的時刻，我總是一直注視著她。當她站著的時候，就像一塊岩石矗立在那裡，她就只是單純地站著。當她坐著的時候，就只是坐著。就這麼簡單，其中絕不會摻雜任何事物。她從不會四處張望，表現出不專心的樣子。

麥可・葛蘭迪

成佛的捷徑

在加爾各答的時候，蒂帕嬷和穆寧拉的一個學生因為經營生意非常成功，所以特地為新屋落成舉行盛大的聚會。我扶著蒂帕嬷上樓，並且幫她脫鞋子。屋內的人們正在聊天、吃東西，室內音樂繚繞，整個氣氛就好像一場香檳慶祝會一樣，房子裡充滿了興奮和喧囂的能量。蒂帕嬷以她一貫沉穩的步伐走進屋內，越過眾人，直走到佛陀肖像前。當她走到佛像前時，便「匍匐頂禮」，開始禮敬佛陀——就在滿屋子正在吃開胃菜和大肆慶祝的人們面前。這行為使我了悟到，對蒂帕嬷來說，不論發生什麼事，她心中只有一個追求的目標，那就是真理。

阿姜・桑納聖提

直接做就對了

身為我的老師，蒂帕嬤會對我提出這些問題：「你的禪坐進行得如何？你到底有沒有在做修持？你有任何念頭嗎？」

「什麼**任何**念頭？念頭可多了！」我心裡這樣想。

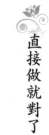

「停止你的念頭。」

「什麼？停止我的念頭？這我可以，不過得用力禪修才行，但是我需要很長的時間才有辦法進入三摩地。」

「不是這樣，」她這樣說，「坐下來，直接這樣做就對了。」

傑克．康菲爾德

放心，沒事的……

從曼谷搭機到德里途中，飛機因為機械問題必須停降在加爾各達，停留時間約有二十四小時，於是我想，「這是拜見蒂帕嬤的好時機！」我查明她住處所在，便前去拜訪。到了之後，才被告知蒂帕嬤正在做禁語修持，不能跟我說話，我只被允許進入她的房間做禮拜，然後就得離開了。當我進到她的房間時，她正在進食，且剛好背對著我。房間裡充滿了不可思議的、平靜柔和的能量，讓我不禁感動至極，眼淚潸潸而下。她看不到我，因為我站在她正背後，但是她一定感受到我了，因為她緩緩地轉過身，溫柔的對我說：「放心，沒事的，都會沒事的……」她只說了這句話，卻令人感到如此祥和寧靜。在我最需要的時刻，她以如此美妙自然的方式觸動了我的心。這一刻深深烙印在我心版上，日後每當我遭遇困境時，都會想起她這句簡單的話：「放心，沒事的……」她教導我的就是，無論發生什麼事都沒關係，一切都只是我們求道路上的一部分而已。

帕翠莎．簡納．菲德門（Patricia Genoud-Feldman）

8

愛向愛禮敬

「你的心明白一切。」

蒂帕嬤為賈克琳・曼德爾祝福，加爾各答，1973（洛伊・邦尼）。

某天早晨，在聖塔菲一家小咖啡館裡，我問雪倫．薩爾茲堡：「蒂帕嬤送給妳最偉大的禮物是什麼？」

雪倫停頓了一會兒，她的臉變得相當柔和。「蒂帕嬤眞的愛著我，」她說：「當她去世的時候，我心想，『在這個世界上，還會有其他人像她那樣愛我嗎？』」

我們兩人都沉默了下來，有好一段時間彷彿有一道通向另一個世界的門被打開了，在那個世界裡只有一件事情：完整而且全然的愛。

「當然囉！」雪倫面帶微笑補充說：「不只是我而已，這經驗不是只有我才有。」

賈克琳．曼德爾（Jacqueline Mandell）曾經問過蒂帕嬤：「我應該要修習正念還是慈悲？」蒂帕嬤回答說：「依我個人的經驗，正念與慈悲兩者之間並無區別。」對她來說，愛與覺知是合一的。想一想這其中的深意吧！當你心中充滿愛的時候，不就是正念的當下嗎？當你心中充滿正念時，這其中不也包含愛的本質嗎？

約瑟夫．葛斯坦回憶道，有一次他看見蒂帕嬤向佛陀禮敬，當時很清楚的並沒有人在場，那兒只有「愛向愛禮敬」。有另外一個學生說：「對蒂帕嬤而言，開悟就是偉大的愛。她的教法是跟其他人產生連結，並且心懷慈悲。她的心就像一扇永遠敞開的大門，而在那偉大的胸懷中，每一個人，不論是愁煩憂苦或是歡喜愉快，都可以在其中來來去去，並且沐浴在她那溫暖慈悲的擁抱中。」有一位蘇非派❶的教師阿夏・吉爾（Asha Greer）形容被蒂帕嬤擁抱的感覺：「她的擁抱是如此徹底，讓我這六呎之軀完完全全融入她那偉大而空性❷的心中——在那裡可以容納宇宙萬物。」

爲小偷祝福

有好幾年的時間，好像每次只要我到紐約，我的車子就會遭到宵小破窗而入，把收音機扒走。某次我受邀參加一個住在皇后區的朋友的婚禮，我告訴蒂帕嬤：「我想這次還是搭火車去比較好，因為我的汽車音響老是會被偷走。」她說：「別傻了，還是開車去吧。」

最後，我還是聽她的話開車前往，那次我還在車上特別安裝了保全系統。我們停好車之後就進去參加婚禮，等我們出來時，果不其然，我的車又遭小偷了。這次他們不僅偷走音響，連我所有的錄音帶都不翼而飛。

回到家後，我走進屋內，蒂帕嬷問道：「婚禮進行得如何？」

「婚禮非常成功，」我說：「但我的車子又被人家破壞了，汽車音響也被偷走了，我真的是很火大。」

蒂帕嬷放聲大笑。

「有什麼好笑的？」

「你啊，一定是上輩子幹過小偷。你覺得你的汽車音響應該還要被偷幾次呢？」

---

❶蘇非派：Sufi，伊斯蘭教的一個神祕主義教團，表現為脫離伊斯蘭教正統，追求個人更加與阿拉合一。「蘇非」（Sufi）一詞意為「羊毛」，因早期鼓吹蘇非主義的宣講師身穿羊毛織的長袍。蘇非派信徒的目標是，透過不斷地吟誦阿拉而達神人合一。

❷空性：指空之自性、空之真理，為「真如」的異名。依唯識家之說，真如是遠離我、法二執的實體，所以，修空觀而離我法二執之處，真如實體即躍然而現。

「妳告訴我啊！」我求她說：「到底還要多少次呢？告訴我吧！這樣我也好有個心理準備。」

她不理會我的問題，反問我：「那你怎麼做呢？當車子被人破壞的時候，你當時有什麼反應？」

「我當時真是氣壞了，因為這種情況已經發生過好多次，而且我還裝了一個保全系統呢。」

她非常驚訝地看著我：「你的意思是說，你從來都沒有去想過那個偷你汽車音響的人嗎？他的人生想必非常悲慘吧。」

她閉上眼睛，然後開始安靜地誦經，我知道她是在為那個小偷念誦慈愛的經文來祝福他。這對我來說真是一段奇妙的人生功課。

史蒂芬・史瓦茲

去愛每一個人

蒂帕嬷很像一位慈祥的祖母，全身散發著強烈的慈愛氣息。特別是在印度，當你到她家去的時候，她一定會先問你：「你還好嗎？健康狀況如何？飲食情形都好吧？對於氣候和吃的東西都還習慣嗎？」這類的問題。當人們走進她的房間時，她總是面帶微笑，並且以無比的熱情與慈愛歡迎所有的客人，不論來者何人、在什麼樣的情況下、或者是他們說了什麼，這些都不重要。對她來說，這些都是毫不相干的，真正重要的是，眼前是一個你可以去愛的人。

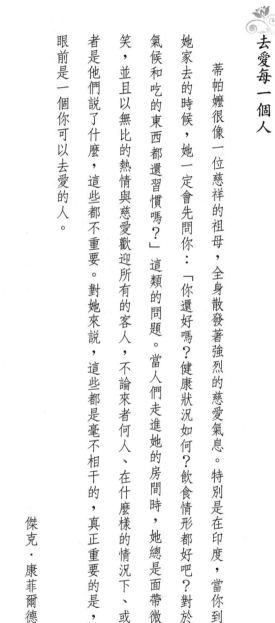

傑克・康菲爾德

一份愛的禮物

第一次的印度之旅是朋友雪倫陪我一起去的，途中，她還跟我分享她最喜愛的事物。她要我嘗嘗瓦拉那希省出產的一種極特殊的點心，叫做「拉斯馬利」（rasmali），那東西真的很好吃。

當我們回到加爾各答去看蒂帕嬤時，她問我：「你在印度最喜歡什麼？」當時我心想，正確的答案應該是：「到菩提迦耶的寺廟祈禱」、「我看見了一幅美麗的佛陀畫像」或者「我去參加共修」；但當時我腦海中湧現的答案使我脱口而出：「我在瓦拉那希省嘗過一種點心，那真是人間美味啊！」雪倫白了我一眼，而我立刻想到，不知蒂帕嬤對我這個答案作何感想。

不久之後，在我離開加爾各答前往機場前，我到蒂帕嬤家去向她表示敬意。我們向她禮敬並且送她一份禮物。她說：「我也有一份禮物要送給你。」然後就擺了一些拉斯馬利在我面前。她請蒂帕的一位朋友尋遍加爾各答，就是想找到瓦拉那希省的那種甜點。我被她貼心的舉動所感動，不論我想要的是什麼，如果我說喜歡這個東西，她就會滿足我的需求。

史蒂芬・史瓦兹

把慈愛獻給母親

我遇到一位六〇年代末、七〇年代初曾在印度修行的男子。他是一位非常精進的修行者，他把頭髮剃掉，穿著白色袍子，在寺廟、聚會所和僧院中度過了許多年。他的父母對於他選擇修行非常不滿，當時他大概三十出頭的年紀，父母認為他應該去上醫學院或者法學院。對於他的選擇，他的母親尤其感到不快，她當這個兒子已經死了，好像她失去了一個兒子一樣。

這個男子每次去見蒂帕嬤時，她都會問起他母親的狀況，像是：「你母親還好嗎？她現在狀況如何？當你靜坐的時候，有沒有為你的母親修慈心禪呢？每當你靜坐時，應該把母親放在心中，並且把慈愛獻給她。」

有一次她從後面房間的床墊下掏出一捲盧比，這捲百元的盧比紙鈔，相當於十二塊美金，在當時對她而言，算是一大筆錢。她把鈔票放在這個男子手中，合起他的雙手，並且說：「去買個禮物送給你母親吧！」這就是她教導人們慈愛的方式。

傑克・康菲爾德

輕撫眾生

當蒂帕嬤初次到我們家的時候，她跟她的孫子瑞希看到我們家的狗，感到非常緊張。她從沒去過把狗養在室內的人家裡。由於在她所住的那個地區，狗通常是不太健康的，所以把狗養在屋內完全不合乎衛生。

但是過了幾個星期後，她和小狗的互動有了奇妙的轉變。她學會的第一個英文單字就是「狗」。每天早上在她下樓之後，她就會用不流暢的英文問道：「狗狗，狗狗在哪裡？」然後，我們家的小狗葉慈就會跑過來，這時她會蹲下來，以充滿慈愛的雙手輕輕地拍撫小狗，就好像她平時輕拍著我和其他的禪修者一樣。

葉慈非常喜歡這個動作。看著人狗之間產生親密的連結，實在是件很美好的事，部分原因是因為她非常怕狗——當然這是因為她受到自己文化制約的緣故。但她就這樣自然而然地接納這隻狗，而且彼此變成非常好的朋友。後來在她離開前，她向葉慈走去，然後蹲下來跟牠輕聲地說話，並特別為牠做一個慈愛祝福。

史蒂芬・史瓦茲

無家可歸的泰迪熊

一九八四年當蒂帕嬤在內觀禪修協會的時候，有一天我在住家附近的垃圾堆頂端，看到了一隻很大的泰迪熊，我把它撿回來送給蒂帕嬤的孫子瑞希，他當時也跟媽媽一同住在這裡，我們為這隻熊取名為「無家可歸的泰迪熊」。當蒂帕和家人離開內觀禪修協會，這隻泰迪熊就交給我照顧，但我漸漸忘了它的存在。

幾年之後，我到印度的加爾各答拜訪蒂帕嬤，她見到我時，一開口就問：「那隻無家可歸的泰迪熊過得還好嗎？」她連那隻從垃圾堆撿來的泰迪熊都沒有忘記，我嚇了一大跳。這件事讓我了解到，她必然也非常關心像我這樣能呼吸的有情眾生，而這同時也使我明白蒂帕嬤的心是多麼地清明。

巴茲．巴賽維茲（Buzz Bussewitz）

愛，源源不絕

蒂帕嬤準備離開內觀禪修協會時，我們這群人大約有二十個左右，就站在她身邊雙手合十。就在她快要跨入車內時，不知何故，她突然轉身走向我，然後把手放在我的手上，直視我的眼睛。我們距離非常近，她就這樣默默握著我的手，以無比的愛、空性和關懷注視著我。在這短短的時間內，她將全然的、衷心的慈愛傳達給我……，從她身上傳來沛然莫之能禦的精神能量。然後，她轉身緩緩地坐進車內。

就在這一瞬間，她向我顯現一種我從未體驗過的愛，這是一種沒有分離也無分別的罕見的愛。這是我初次接觸開悟的人的體驗，那個時刻的感受如此強烈，一切彷彿還歷歷如昨。

認識了這份愛，並且親眼看見將它傳給別人的可能性，這件事對我的求道之路是個極大的激勵。蒂帕嬤的精神典範向世人顯示著，當我們的心無所畏懼時，愛便會從心中源源不絕地湧現。

雪達．洛潔（Sharda Rogell）

此生陷入了困境

有一段時期，我極不開心。我的婚姻之路走得坎坷崎嶇，而且對於自己身為母親卻毫無耐心，感到羞愧萬分。諷刺的是，在外人看來，那時我的生活似乎既美滿又成功，我應該是個開心快樂的人。有一次，我跟傑克．康菲爾德談到自己的困境，他告訴我，他在印度認識了一位很棒的女性導師，現在正在探訪附近的希薇雅．布爾斯坦。

到了希薇雅家裡，他們帶我到頂樓房間，那時蒂帕嬤坐在蒲團上，翻譯則坐在她左手邊，我趕緊在她面前的坐墊上坐下，想把自己安頓好。但是我連安下心的機會都沒有，她已經轉頭用孟加拉語跟翻譯說了一句話，翻譯告訴我：「她說，現在你連禪觀都不需要，只要觀修慈心（metta）就好了。」我當場大吃一驚，因為我們都還沒彼此問候，而且通常是學生問了問題，老師才回答的。「為什麼？」我問道，她又用孟加拉語說了什麼，翻譯接著說：「你的『此生』陷入了困境，你現在應該針對這點下功夫，所以只要觀修慈心就好了。」然後翻譯又說，這次會面到此為止。我只能用呆若木雞來形容當下的自己，整個會面竟然不到兩分鐘就結束了。我明白她說的「此生」，指的是我對自己的感受，顯然地，她已經看穿我的不快樂，而她給我開的處方藥，就是慈心。

跟蒂帕嬤的這次見面，深深地啓發了我。雖然對我而言，觀修慈心是如此困難，但是我還是勉力去做，無論在日常生活中或是上座禪修時，我都會在心裡反覆默念這兩個字。起初，我實在無法感受到任何正面的回應，但我還是堅持下去。約莫三個月後，我才開始有辦法對自己生起一點真正的溫馨關懷。六個月後，每當做這個練習時，我已經可以確認自己內心發生了決定性的轉化。我變得更柔和，心更加開闊，也更有感情。蒂帕嬤恰如其分地喚醒了我，施予我一種有力的工具，使我得以改變自己舊有的思維模式，也轉化了我的生命。

溫蒂・帕莫爾（Wendy Palmer）

9
在陌生的領域如魚得水

「我歷歷分明地體驗心的每一剎那。」

蒂帕嬤，加爾各答，1987（阿姜．桑納聖提）。

在穆寧拉的指導下，蒂帕嬤開始發展她的神通力❶。除非穆寧拉要求，否則蒂帕嬤絕不輕易向他人顯示這些能力。這些超能力並不是透過內觀禪修，而是透過非常專注的修行所獲得的，此時，我們的心靈進入了一種非常專注的禪定❷狀態。當蒂帕嬤在做禪定修行的時候，她可以隨意進入八種定境❸的狀態中的任何一種，並且可以隨意調整「入定」❹的時間。在較深的禪定狀態時，我們的身體運作過程，有時可以緩慢到幾乎呈現停頓的狀態，所以那時候我們幾乎不用吃喝、睡眠、移動或者是排泄。蒂帕嬤可以做到在預定的時間「入定」——即進入某一定境，並且「醒過來」，也就是所謂的「出定」❺。有一次，她決心要進入第八級的禪定狀態，並「入定」整整三天二十一個小時八分零三秒。結果，她果眞做到了，在預定的時間後準確無誤地出定。

當蒂帕嬤回到印度時，她就不再行使這些神通力，因爲神通力會讓人生起傲慢心，成爲邁向解脫之路的障礙。穆寧拉也同意這樣的看法，「這些神通力並不重要，」他說：「開悟才是重要的。運用這些神通力需要智慧，你不可以爲了私欲而行使神通力，因爲它們並不是你的。你不能行使神通力，然後自認爲你是那個擁有超能力的人，這是毫無智慧的。」

有一次，傑克．恩格勒問蒂帕嬷說，她是否仍然擁有當年跟穆寧拉學習時所獲得的神通力。

「沒有。」她說。

「那妳可以再重新取得那些神通力嗎？」

---

❶神通力：又作神通、神力、通力、通等。也就是依修禪定而得到的無罣礙、感覺自在、不可思議的作用。共有神足、天眼、天耳、他心、宿命等五神通；若加上漏盡通，則共為六神通。

❷禪定：jhana，禪與定都是讓心專注於某一個對象，達於不散亂的狀態。禪那是指修行者高度集中精神，努力對某種對象或主題加以思惟。定是指心住在一對象的境界之內。禪那是過程，定是結果。禪定依修習的層次可分為「四禪」和「八定」。

❸八種定境：即指「八定」。定，收攝散亂之心而歸於凝然不動的狀態。色界、無色界各有四定，故稱為八定，也就是：（一）初禪天定，（二）二禪天定，（三）三禪天定，（四）四禪天定，（五）空處天定，（六）識處天定，（七）無所有處天定，（八）非想非非想處天定。

❹入定：入於禪定之意，即攝馳散之心，入安定不動的精神狀態。

❺出定：出於禪定之意，即由入定狀態恢復平常狀態，乃是「入定」的對稱。

「可以啊！」她說：「但是那得花很長的時間。」

「多長的時間呢？」傑克邊問，心裡邊想，她可能會回答說需要幾個月或是幾年。

「噢，大概三天的時間吧！」她回答說：「如果我真的開始練習的話。」

據說這個世間有六種超能力，其中五種是屬於世俗的能力，人們可以透過在第四階位的禪定[6]中「甚深」的專注而獲得；另一種是超越世俗的能力，唯有透過內觀禪修的鍛鍊才能獲得，而且這種能力被視爲開悟的表徵。至於五種世俗的神通力在薩滿[7]和瑜伽[8]的傳統，或者是極少數特殊的人身上也可以找到。這五種神通[9]分別是：

一、神足通：能夠隨心所欲地轉化物質界的基本元素，也就是地、水、火、風四大元素[10]，並且自由自在地出入「三界」[11]的能力。

二、天耳通：能夠聽見世間無論遠近的種種聲音，包括「塵世」和各種界域的聲音。

三、天眼通：能夠看見世間一切形色，看見六道[12]眾生的生死流轉。

四、宿命通：能夠知道自己和他人的前世。

五、他心通：能夠知道六道眾生心中所想之事的能力。

蒂帕嬤曾經把這五種神通力一一向穆寧拉展現，而穆寧拉也證實了蒂帕嬤的能力。以下這些敘述是根據穆寧拉的回憶，以及蒂帕嬤的一些學生的回憶而寫成的。

---

❻第四階位的禪定：指「四禪」中的第四禪。有捨、念清淨、不苦不樂、定四種功德，尤以捨離一切身心感受為特徵，至此禪念寂心定，有如明鏡止水，呼吸亦停止，故稱「不動定」。

❼薩滿：shaman，崇拜自然、精靈，並以能與精靈溝通的靈媒薩滿為中心的宗教。相信眾天體均有神靈居住，只有薩滿能直接與之溝通，因此，薩滿亦具有治病及預卜未來的能力，集巫術、符咒及自然信仰而成。多流行於以狩獵、採集為生的原始民族之間，主要信仰者為北亞烏拉阿爾泰一帶的沃古爾、奧斯加克、通古斯等民族。

❽瑜伽：乃指依調息、調整呼吸的方法，集中心念於一點，修習止觀（奢摩他與毗婆舍那）為主之觀行，而與正理相應一致。

❾五種神通：即「五神通」，見本章注❶。

❿四大元素：造一切色法（總稱物質的存在）的四種要素之一。根據佛教的元素說，物質（色法）係由地、水、火、風等四大要素所構成，即：（一）地大，本質為堅性，有保持作用的；（二）水大，本質為濕性，有攝集作用的；（三）火大，本質為暖性，有成熟作用的；（四）風大，本質為動性，有生長作用的。

⓫三界：指眾生所居住的欲界、色界、無色界。此乃迷妄的有情在生滅變化中流轉，依其境界所分的三個階級，因為迷於生死輪迴等生存界（即「有」）的分類，故稱做「三有生死」，或單稱「三有」。又三界迷苦的領域如大海無邊無際，所以又稱為苦界或苦海。

⓬六道：一作「六趣」，即眾生各依其業而趣往之世界，即：（一）地獄道，（二）餓鬼道，（三）畜生道，（四）修羅道，（五）人間道，（六）天道。此六道中，前三者稱為三惡道，後三者稱為三善道。

有一次穆寧拉在自己的房間內抬頭望向窗外時，發現天空有一些不尋常的現象，他看見蒂帕嬤懸在樹端的天空中對著他微笑，並且在自己的空中閣樓裡玩耍。蒂帕嬤藉著將風的元素轉化成土的元素，如此便在空中創造出了一個實體。

將密度較高的元素轉化成像空氣般的元素，也同樣令旁觀者感到不可思議。有一次蒂帕嬤和妹妹赫瑪，在同一個時間到達穆寧拉的房間晤談。有時候蒂帕嬤會穿過緊閉的房門離開。如果她心血來潮特別想要開玩笑的話，就可能從座位起身走向最近的一道牆，然後直接穿牆而過。

蒂帕嬤可以藉由手中幻化五種元素而做出一頓美食，她還可以將土元素轉化爲水元素。她曾經當著穆寧拉的面鑽進一片地面中，然後全身濕淋淋地鑽出地面。如果她必須獨自在深夜行走的話，蒂帕嬤就會變出一個分身充當自己的友伴，如此就再也不會有人來打擾她了。

蒂帕嬤在這方面的神通力曾受到客觀的第三者測試以及證實。穆寧拉知道有位在馬格（Magadh）大學的古印度史學教授，對於蒂帕嬤的這些神通力感到很懷疑，於是穆寧拉和他就安排了一場實驗，以便證明這些神通力的存在。這位教授派了一位令人信任的學生到蒂帕嬤靜坐的房間，以便確定她沒有離開。到了指定日當天，這個學生證實了蒂帕嬤從未離開或移動，但就在同一個時間，蒂帕嬤卻出現在十里外的教授辦公室中跟他一起聊天。

蒂帕嬤和赫瑪曾經同時運用神通力以加速巴士的移動。在仰光的時候，某日午後她們一起在巴士站等車。當巴士終於姍姍來遲時，早已誤點了一個小時，她們發現這樣絕對無法準時到遠處赴約。由於守時對她們來說非常重要，所以她們兩人開始全神貫注地集中心念，讓巴士能夠恢復正常，不再誤點。「當一個人處在三摩地⑬全神貫注的狀態時，」穆寧拉解釋說：「即使她們人是坐在巴士上，也有辦法藉由堅定的決心讓車子加速，就像她們縮短了時間和距離，這是可以辦得到的事情。當年佛陀被阿古利瑪⑭追殺

⑬三摩地：samadhi，七十五法之一，百法之一。又作三昧、三摩提、三摩帝，意譯為定、定意、調直定、正心行處，意即遠離昏沉掉舉，心專注一境的精神作用。

時，也曾經做過相同的事情。當時阿古利瑪想要追殺佛陀，他不停地在佛陀身後追趕，佛陀雖然一動也沒動，但阿古利瑪仍然無法追上佛陀。這是因爲佛陀運用神通力，讓兩人之間的距離永遠都不變。」

當時的緬甸外交官優坦特（U Thant）即將被任命爲聯合國的秘書長，穆寧拉知道優坦特必然會發表一場就職演說，於是他要求蒂帕嬷進入未來，把這場演說的內容記下來。蒂帕嬷複述演說內容，由穆寧拉記錄下來。一個月後，優坦特發表就職演說，內容果然跟蒂帕嬷預知的分毫不差。

超越時空

蒂帕嬷說她能夠回到佛陀的時代，親自聽聞佛陀演說佛法。我問她是怎麼辦到的，她微笑說：「我讓自己回到念念遷流中，心念與心念的間隙，或剎那之間。」我看起來一定是目瞪口呆的樣子，因為她又微笑著跟我說：「噢！開悟其實並不需要這樣的能力。」然後她開始大笑，並補充說：「這過程實在很有趣，只是它需要非常地專注。」

當她說這些話時，她的眼神是如此自由，又如此純淨。

蜜雪兒・麥當勞－史密斯

她能飛天入地？

蒂帕嬤可以透視人的肉體，精確地描述人類的大腦和心智是如何運作的。她的描述之準確可以達到科學般精細的地步，這一切顯然超越她的教育程度所能理解的範圍。她還能夠描述世界各地新近發明的一些器具，她會跟穆寧拉說，某個新發明的外形怎麼樣、用途是什麼，以及放在什麼地方。穆寧拉有各式各樣的方法來測試學生們的超能力，每次他檢驗蒂帕嬤的描述時，發現她所說的話都是百分之百正確。

⑭阿古利瑪：Angulimala，出生在印度的貴族家庭，十六歲那年因同學嫉妒、造謠之故，老師決定懲罰阿古利瑪，並對他說：「你就快完成所有訓練了，只有一件事還沒做……只要你單手殺了一千個人。」阿古利瑪原本挺拔而謙和，自此卻開始變得陰陽怪氣。他努力地想完成目標，直到遇見佛陀，終止了他血腥的行為。

穆寧拉要求她去看一下隔壁房間的情形，然後再描述給他聽；之後他自己也會加以查證。穆寧拉有系統地拓展蒂帕嬤的靈視能力[15]，讓她能夠看到愈來愈遠的地方，不過這些地方都還在穆寧拉能夠查證的範圍。例如說，蒂帕嬤未到過菩提迦耶前，他就叫蒂帕嬤描述一下那個地方的樣子，像是菩提樹生長在什麼地方、那兒有哪些古蹟遺址等等。由於穆寧拉曾經監督菩提迦耶的寺廟多年，所以他對那裡的遺址分布瞭若指掌。

傑克·恩格勒

蒂帕嬤不僅能夠造訪地球上的任何地方，她還能夠進入佛教哲學中所描述的三界六道的任何一處，例如進入天道或是地獄道，她能夠描述住在那個世界中各種不同的事物，以及發生在他們周遭的事情。她偶爾也會興之所至地穿梭於不同的時空中。

天堂的景象

在內觀禪修協會參加禪修的三個月期間，在新英格蘭某個秋高氣爽的日子，天空飄著朵朵白雲，樹葉都染上絢麗如火焰般的顏色，我和蒂帕孃到戶外散步。我們坐在湖邊的一塊石頭上，湖面倒映出這令人目眩神迷的瑰麗景致。

當時有幾個人在場，有人便對蒂帕孃說：「天堂的景象想必就是這樣子吧！」我們都知道她去過不同的色界天，然而她只是看著那個人，說道：「不，天堂一點都不像這個樣子。不過沒關係，這景象連天堂的邊都沾不上呢。」

傑克・康菲爾德

蒂帕孃的天眼通讓她能夠預測學生的未來。「她預測我未來的教學生涯將會相當輝煌，但當時我根本就沒有任何教職，」約瑟夫・葛斯坦說：「我想她已經預知了我所有的人生旅程。」

⑮靈視能力：即「天眼神通力」，超出人類體能的限制，令人不可思議的視覺能力。據《大毘婆沙論》卷一四一、《大智度論》卷五所載，以四根本靜慮為依地，證得色界四大種所造淨色之眼根，稱為天眼。以此眼能照見自地及下地六道中之遠近粗細等諸物，稱為天眼通。

都被她料中了

當我三個月的禪修接近尾聲時，蒂帕嬤看著我說：「你回家以後就會在醫院教導慈心禪。」她這番話讓我大惑不解，因為我從來沒跟任何醫院有什麼關聯，但是我心想：「好吧！」在我回家後不到一個月，就有人從兒童醫院打電話來，問我是否願意到醫院主持一個生物回饋中心。我非常驚訝，但心裡想：「好吧，這就是有關於醫院的那個部分囉。」這是一家兒童醫院，大部分前來求助的病童都患有與壓力相關的症狀，像是偏頭痛、腹痛、恐懼症以及各種不同的症狀等等，於是我開始教導他們慈心禪。表面上我是在從事生物回饋系統方面的工作，事實上我卻是在教他們如何把慈愛的力量迴向給自己、給造物者，以及其他的孩子。我不知道這是不是蒂帕嬤派給我的工作，或是說她知道這份工作會降臨在我身上。當我接到電話時，那種感覺就好像蒂帕嬤在召喚我做這件事情。

米雪兒・李維

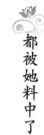

蒂帕嬷還具備特異能力，能夠以心電感應的方式跟學生們溝通。

無聲勝有聲

在我密集禪修期間的最後兩個星期，主要工作是在蒂帕嬷家裡洗碗筷。當我告訴她我要離開的時候，她給了我祝福，還問了我一堆老祖母式的囉囉唆唆的問題，像是我結婚沒、從事哪一類工作等，然後她就用孟加拉語講了一些話，並且把手放在我頭上，當時我整個人就像被雷打到一樣。就在那電光火石的瞬間，我突然感覺到她似乎知道我心裡面在想什麼，而我們之間正在用一種超越語言的東西溝通……，我們是在一種全新的境界上展開溝通，那是一種只屬於心靈本質的溝通……，純粹是她的意識和我的意識之間的交流，我覺得頭頂似乎挨了一棒，那種感覺真好……。經過她的加持之後，我內心生起了一種不可思議的喜悅和興奮感。還記得當我走進內觀禪修協會的大門時，那種滿心喜樂的感覺就好像是漫步在雲端一樣。

卡蘿・拉雷爾（Carol Constantian Lazell）

沉默——另一種解答

每當我在禪修上遇到困難時，就會跑去找蒂帕嬷，請她為我解惑，而她就會帶著那股沉靜得猶如禪定般的眼神注視著我，在翻譯還沒有開口之前，我就已經覺得自己的腦門有一股搔癢的感覺。有時候就好像「喀啦」一聲，問題就迎刃而解了，而當時不管我有什麼樣的情緒困難，也都會跟著消失不見。

我相信她有一種超感知覺或心電感應式的力量，能夠直視人心。她以這種沉默的方式教導我，讓我明白任何有關心靈問題的答案，都只能往心裡去找，而不是從她的話語或是調整專注力去尋求。她為我解惑的方式是向我呈現另一個境界的意識，在那個意識中，我的問題根本就不存在。這是一種突然的、瞬間式的轉移，整個過程猶如做了一場心靈整脊。

丹尼爾・鮑德米（Daniel Boutemy）

帶著微笑塞車、排隊……

我曾經在印度求學以及接受一段很長時間的訓練，並且在那兒經歷過生命中的許多困境。後來我安排好行程回美國，準備到內觀禪修協會指導三個月的密集禪修。在即將離開印度的行程中，我決定在加爾各答稍作停留，探訪一下蒂帕嬤。還記得那天天氣非常炎熱，氣溫高達攝氏四十三度，而且空氣混濁又充滿煙塵。我向她禮敬之後便稍微聊了一下，當我起身準備離去時，她還是像往常一樣給了我一個大大的擁抱，並且為我加持，給我祝福。我跪下來，整個人差不多跟她等高。

當她做特別的加持時，會用手輕拍你的頭部以及全身，或是在你的身上吹氣，並且同時誦念祈請文。這次加持的時間似乎特別久，剛開始只是覺得很舒服，隨著祝福的持續進行，感覺也愈來愈好。加持完畢之後，我覺得萬事萬物彷彿大放光明並在我眼前打開了，而我只是咧著嘴，整個人笑開了。

「你回去後，要好好地帶那些人禪修一次，」她說：「帶著我的祝福回去吧。」這番話猶如祖母的臨別贈言。

我從她的住處出來，走進加爾各答夏日悶熱不堪的街道上，招了一輛計程車直奔塘塘機場。我花了大約兩小時才到機場，一路上只聽見司機不停地按喇叭，在黃包車和擁擠異常的車陣裡鑽來鑽去，空氣中充滿著烏煙瘴氣，並且天氣炎熱、潮濕得簡直讓人受不了，從窗外望出去只見滿街的貧窮和髒亂。我終於抵達機場後，又得通過印度的海關——這表示我又得花一個鐘頭的時間排隊，然後讓人查驗行李並且不斷地接受盤問，最後才在一大堆的文件上替我蓋好章。最後，我好不容易搭上飛機，經歷了兩個小時的旅程才抵達曼谷。

曼谷的機場就像洛杉磯機場一樣，簡直像個龐然大物。下了飛機之後，我又得排著長長的隊伍，然後通關，之後再花一個半小時在曼谷炎熱的街道上穿梭，最後才終於抵達旅館。在這幾個小時的旅途中，我的臉上始終掛著微笑。無論是搭飛機、排長龍等待通關、搭計程車、或是遇到交通阻塞的時候……，在這一切的過程中，我的臉上始終帶著一個大大的微笑。這笑容一直掛在我的臉上，始終不曾消失，這真是個不平凡的經驗。

傑克・康菲爾德

米雪兒・李維和丈夫喬伊・李維（Joel Levey），在一九八四年曾請求蒂帕嬷爲他們的婚禮進行祝福儀式，以下是他們的故事。

繽紛的祝福

當儀式進行到尾聲時，她非常溫柔地看著我們，然後說：「一場靜坐的婚禮即將降臨在你們身上。」我們兩人同時跪下來，蒂帕嬷把手放在我們的前額，並且給我們某種加持。感覺好像我們的頂輪⑯突然就這樣迸開來，然後我們的頭部就這樣全然地向虛空敞開；接著，彷彿是蒂帕嬷把許多東西直接灌進我們的天靈蓋裡。她把和平與慈愛直接灌進我們敞開的頂輪，那真是一種深刻、甜蜜以及兩個靈魂互相交融的感覺，我們倆從來沒有體驗過如此美好的經驗。

在經過她的加持之後，我們到禪修中心的小森林去散步。那是一個令人感到神清氣爽的十二月天，天空晴朗無雲。當我們穿越那片森林時，好像聽見天空中有米粒灑在我們身上的聲音，聽起來喀啦喀啦的聲響充滿了整片林子。於是我們抬頭仰望，但天空依然是如此沉靜和湛藍，感覺好像是一場繽紛的祝福之雨。我們繼續走著，當下的時空開始產生奇怪的扭曲。我們不斷地走著走著，心想已經走了一段很遠的路了，但是當我們走出森林時，才發現原來自己還在出發點上。那彷彿是在莫比烏斯帶⑰裡頭打轉，我們以為自己到頭來會走在某個點上，但是我們無論往回走、往裡走或往外走，最後都還是神奇地回到原來的地方。

喬伊・李維與米雪兒・李維

蒂帕嬤本人也曾經遭遇過這種不尋常的現象，而她本人認爲這是因爲她遵循佛教戒律的關係。

無中生有的房子

許多佛教國家的人們，每個月當中會有四天遵守八大戒律⑱，許多人在滿月那天會前往寺廟。在一個滿月的日子，一位女性朋友跟我決定要到寺廟去。

我們出門時，天空才剛開始下了一點小雨，但當我們搭上巴士的時候，就開始下起了大雨。等我們下車時，那簡直是大雨滂沱，通往寺廟的那條路則已經開始淹水了。寺廟那裡有人正等著我們去，但是我們根本寸步難行，而且我們因為又濕又冷，不斷地打寒顫。

就在這時候，有一輛車子經過我們身邊並且停了下來。車裡的一位紳士告訴我們，這附近有一棟非常漂亮的新房子，並表示願意載我們到那裡去。當車子停在那棟房子前

⑯頂輪：在禪修過程中，要逐一打開自己體內的「輪穴」，再打開頭頂的「頂輪」，以便和外界或宇宙間無所不在的能量結合為一，建立瑜伽狀態，進入真正的靜坐、無思無慮知覺無我的境界。在這種境界中的修行者，一切過去和將來的思想、憂慮都不復存在。

⑰莫比烏斯帶：Mobius strip，又稱為梅比斯環，Mobius band，依德國數學家莫畢士（A.F.Mobius, 1790-1868）所命名。是只有一面的連續曲面，可用一條矩形紙帶扭轉一百八十度，然後將端點連接起來構成。是一表、裡間相互交錯的圈圈，從環上的任何一點P出發，可到達另一側面的P點。

⑱八大戒律：指佛家不殺生、不偷盜、不邪淫、不妄語、不飲酒、不坐高廣大床、不著華鬘瓔珞、不習歌舞伎樂等八條戒律。

面，房子果真裝飾得非常漂亮，而且還有一扇大門。我們走進去，然後到了樓上，決定先休息一下直到雨停為止。大約等了十五分鐘，雨變小了，我們才急匆匆地趕到寺廟去。

才剛踏進寺廟，人家就對我們說：「噢！妳們全身都濕了，怎麼回事啊？」我們就跟他們說，下車的時候雨勢很大，路上全都淹水了，我們只好到一棟房子裡頭去躲雨。我們向大家描述這棟新蓋的兩層樓房子，但即使每天都在這個區域布施的當地人，以及寺廟裡的僧侶們卻都異口同聲地說：「我們從來沒看過這附近有像妳描述的那棟房子啊！」

「當然啦，我們的描述可能不太正確，」我告訴他們：「但我們的確在那裡等了十五到二十分鐘，所以確實有一棟房子在那裡。」我們身旁前前後後的人們開始議論紛紛，最後我們乾脆說：「好吧，那我們一起去看看就知道了。」我們待在寺廟裡聽完法師的開示後，在回家的路上便試著去找找那棟房子。我們在那個地區來來回回找了好久，就是找不到那棟房子。奇怪，這怎麼可能？我們之前還進去裡面避雨的那棟房子，如今怎麼不見了呢？我們又試著往另外一條街上去找，但什麼也找不著。

第二天，有位僧侶跟我們說，他到處去找我們昨天描述的那棟房子，仍然遍尋不著。於是我們又回去找了一次，仍然是一無所獲。人們開始對這件事情議論紛紛。最後我們終於下了一個結論，因為我們遵守道德戒律，平日實踐佛法，並且「祈願諸神能夠保護我們無災無難」，所以天神們便來幫助我們，憑空建造了一棟房子好讓我們遮風避雨。

所以我總會告訴人們應該要奉行戒律，因為上天會護佑你。這是我個人的親身體驗。由於當時有兩個人在場，所以我知道這絕對不是我個人的想像或者是白日夢。這一切，的確是諸神在幫助我們。

蒂帕嬤

關於「無中生有的房子」的故事，有個學生當時曾聽聞蒂帕嬤親口述說，他還記得當時大家的反應。

那的確是眞的

我很喜歡這位圍著白色披巾的女士走進共修會堂，以她自己修行的經驗跟我們分享，並激勵我們。她說的其中一個故事是，在滂沱大雨中，有一棟房子奇蹟似地顯現，讓她可以遮風避雨，她說那是因為她是佛法虔誠的信仰者。我們聽完這個故事後大笑起來，只是很溫和地迎合這位很有名氣的老師，但是她盯著我們瞧，似乎無法理解我們這些理性懷疑論者以及對她信仰的質疑。她說：「那的確是真的。」然後我們都沉默下來。

萊斯里・富勒（Lesley Fowler）

10
佛陀無畏的女兒

「男人做得到的，我也可以。」

蒂帕嬷和女兒蒂帕，加爾各答，1973（洛伊·邦尼）。

雖然身為寡婦及單親媽媽，蒂帕嬷仍嘗試在充滿父權及封建思想的佛教僧院系統中，突破重重限制，尋求一條禪修的道路，她從來不曾懷疑過自己能否得到最高的證悟。以她當時所處的時空環境，根本沒有所謂的「婦女解放運動」；然而，蒂帕嬷卻解放了自己。有一次她曾經說：「佛陀的女兒們是無所畏懼的。」

在蒂帕嬷開始修行前，大家都知道她是一個極度焦慮且依賴心很重的人。她十二歲時奉家人之命結婚、與公婆同住行動不得自由、凡事完全聽命於丈夫，我們若是從她個人的這些遭遇及當時的文化背景來看，對於她後來能成為思想如此自由開放的人，不得不令人從內心生起無比的敬意。例如，她堅持讓女兒蒂帕接受大學教育，後來當蒂帕決定要離婚時，她也給予支持。

蒂帕嬷了解周遭婦女所遭遇的種種困難，但是她仍然堅信她們可以邁向解脫的道路。「當妳來到這個世界後，」她對學生普莉提莫伊．拜魯雅說：「妳就必須面對許多的苦難，尤其當妳生為女人的時候。女人的生命是非常艱苦的，但妳不用為此煩惱，只要不斷地精進修行，而不須擔心照顧丈夫與孩子的這些責任。如果妳生活在佛法中，所有的事物都會透過佛法而發生，所有的事物也可以透過佛法來解決。」

蒂帕嬤除了給予靈性上的指引，她還經常給予向她求助的婦女們相當實際的建議。「她會告誡我，」某位加爾各答的家庭主婦回憶說：「『妳不應該認爲女性是無助的。妳並非孤立無援，首先，妳應該受教育，然後妳應該去服務他人。如果妳能夠改善自己的經濟狀況，妳就能夠獨立了。』」

但是大部分時候，蒂帕嬤樹立以身作則的典範讓別人獲得力量。她在幾乎完全屬於男性的僧院傳承中，擔任首席教師的職務，並且是第一位受邀到美國教導禪修的亞洲禪修大師。蒂帕嬤從未把這些成就視爲值得宣揚的事情，但是她個人展現的風範以及求道成功的故事，已經讓世界各地不同文化背景的婦女們得到很大的激勵與鼓舞。

挑戰傳統

有一天，我們坐在蒂帕嬤房間的地板上。那天，房間裡人很多而且天氣很熱，穆寧拉坐在角落的一張椅子上，跟蒂帕嬤的一個學生談論佛法以及修行。他和我是這房間裡唯一的兩位男性。他在談話的時候，蒂帕嬷就坐在自己的木床上，眼睛微閉，背靠著牆，看起來好像在打盹的樣子。這陣子她的身體不太舒服，所以沒有人特別去注意她。

當時聊的是有關於輪迴的話題，然後不知怎地，話題就轉到關於佛陀的輪迴。由於這個話題是傳統思想的一部分，所以穆寧拉顯然並未多加思索，他只是不經意地談到，只有男人可以成佛——一個人如果要成佛的話，就必須在下一世輪迴為男兒身（這是根據後來興起的「注釋書」，而不是佛經原典）。突然間，蒂帕嬷坐直了身子，眼睛睜得很大，以一種非常自然而堅定的語氣說：「男人做得到的，我也可以。」

我們大家的反應也是非常自然，大家全都大笑起來，包括穆寧拉也是。我想，我們都知道，蒂帕嬷講的話的確是千真萬確。

傑克．恩格勒

對治妳的情緒

蒂帕嬷曾經提到說，女人在修行的時候可以比男人更加深入和迅速，因為女人的心比較柔軟。這番話讓我非常驚訝，因為個性的柔軟往往會帶來內心更多的情緒和騷動。有許多女人認為情緒是一種障礙，但是蒂帕嬤說：「女人比較容易情緒化，但這並不成為修行上的障礙。」她教導我們：「只要覺察這些情緒在內心生起，但不要隨之起舞，而要加強自己的專注力與對正念的覺察。」

米雪兒・李維

溫柔與力量的化身

蒂帕嬤是溫柔、樸實，以及力量的綜合化身。她身為一位女性，卻能在靈性發展的境界上如此高深，並且非常有決斷力，這實在是一件非常了不起的事。她跟一般的靈性導師幾乎毫無相似之處。她身高不滿五呎，而且總是穿著同樣花色的衣服。她非常瘦小，但是她的存在卻令人振奮非常，因為她辦到了。她在靈性上的成就幾乎超越一切，這表示我在靈性的道路上也可能有所成就。

凱特・惠勒（Kate Wheeler）

她辦到了，我也可以

在我遇見蒂帕孄的時候，絕大部分都只有男性的成功典範、男性老師、或是男性得道者。而我眼前所見到的這位證悟者，這個事實對我造成的震撼，簡直筆墨難以形容。她向我展現了我內心深處最渴望的角色。當我遇見她的時候，雖然自己已經非常致力於修行，但是她讓我相信，我們的確可以獲得內心的自由，她自己就辦到了。這並非某種理性的想法，對我而言，身為一個家庭主婦，並且以一個家庭主婦的角色看待她，我馬上就會覺得：「如果她辦得到，我也可以。」

她就像是一座燈塔……，當我在修行道路上需要勇氣再接再厲時，她就是那道指引我的光。

蜜雪兒・麥當勞—史密斯

一種感動人心的力量

我來自加州，心目中女強人的形象應該是一個魁梧有力的女戰士，她們駕著一輛帶有鏈鋸的小貨車，去維持世界秩序。然而，蒂帕嬤身上所展現的力量卻是一種感動人心的力量。我覺得她完完全全看穿了我，我在她面前也無須隱藏或是感到羞愧，因為在她面前，我同時感受到有人完全地了解我、愛我。

還記得當我體驗到這種愛的感覺時，我寫了一封信告訴家鄉的朋友，我告訴他們說，如果我的人生旅程在這個時刻劃上休止符的話，我也覺得死而無憾，因為光是能夠接觸到這種廣大無邊的愛，就已經足夠了。

阿姜・桑納聖提

男人還是有希望

蒂帕嬤曾經說過：「女人因為有更為柔軟的心靈，所以比男人更占優勢……或許這對男人來說是很難理解的，因為他們是男人。」那時我問她：「男人還有任何希望嗎？」她回答說：「佛陀是個男人，耶穌也是男人，所以男人還是有希望的。」

約瑟夫・葛斯坦

女性是更優秀的修行者

在與穆寧拉一起做了一年密集禪修之後，我帶著自己的博士論文去找他，我的研究主題是關於內觀禪修的過程以及結果。這個研究有一部分的目的，是為了要印證古籍和現代的各種敘述中，有關於證悟之後，人們的身心所產生的變化。要找到研究對象並不容易，因為所需的對象至少必須是有獲得預流向❶的修行者，或者經歷過初禪的人，而且我還要能取得他們的信任和合作。對於一個傳統的印度老師來講，這是一個極端非正統的要求，而穆寧拉也顯得非常遲疑。經過多方討論之後，他終於同意帶我到加爾各答，並且把我引薦給他的一些優秀弟子們，其中最重要的人物之一就是蒂帕嬷，她剛開始也是抱著懷疑的態度。然而，她最後還是把我介紹給她的學生，而且她本人以及女兒蒂帕也自願成為研究對象。同時，穆寧拉也同意參與這項研究。

蒂帕嬷為了這項研究，找到了一些中年或是年紀更大的婦女們。特別值得一提的是，當時的習俗不太容許印度婦女獨自出門；而且這些婦女們都是受到傳統文化薰陶的人，她們當中絕大部分的人都因為肩負家務和管理大家庭的責任而顯得十分忙碌。但我最常聽到的說法是，「女性是更優秀的修行者。」對於這點，我一直不太明白，於是我就問蒂帕嬤這句話道理何在，還有她是否也認為女性在修行上能比男性更深入。當我在緬甸的時候，就有幾位法師和幾位印度老師告訴過我同樣的話。蒂帕嬤只是告訴我說，她也認識許多已經獲得證悟的男士，只是他們沒辦法在白天的時候接受我的訪問和測試。

於是一九七七年時，有超過六個月的時間，蒂帕嬤的小房間就成為我對這些資深佛教徒做有系統的訪談以及測試的研究中心。大部分的訪談都是在酷熱的季節進行。如果你曾經體驗過熱帶地區的夏天，你就能夠想像，當時加爾各答那種潮濕悶熱、幾乎令人窒息的可怕狀況，以及這種天氣對於人和環境資源的影響。在夏天的午後或是晚上最熱的時分，常常會有電力中斷的現象——這就是加爾各答人人厭惡的「大停電」，是為了節省整個城市的供電量所必要的舉措。我們的工作常常被迫中斷，有時候實在酷熱

❶預流向：即指入見道時，初見四聖諦之理，得無漏清淨智慧眼（又作清淨法眼、淨法眼、法眼淨）的階位。又因其直至預流果，不墮於三惡趣，故又稱無退墮法。但因此位之聖者尚未證入其果位，故不稱果，而稱為向，蓋取其趣向於初果之義。

難當，身體根本無法承受。我們經常在漆黑的房間裡汗流浹背，感覺窒息得難以工作下去，最後只好暫時告一段落。

白天時，我們有車子能夠進城，但一到晚上是否還有車子能夠出城，誰也不敢保證。等到雨季降臨之後，我有時會前往蒂帕嬷住的那一帶地區，但往往都沒有辦法通過。因為她家門前的整條街經常都水深及膝，甚至漫到腰際，所以最後這段路只好搭黃包車在水面上奮力地前進。但是無論情況怎麼惡劣，蒂帕嬷的學生總是比我先到達。

對許多審查這份研究報告的專家來說，關於蒂帕嬷接受測試的調查，尤其是她對羅夏克測驗（Rorschach）的反應，最令眾人刮目相看。羅夏克測驗所要測量的不只是個性，同時還包括人的感知力，專家認為她能夠反應「自我創造的實相」。在有關蒂帕嬷的研究報告中，羅夏克測驗的結果似乎更加證實，她本人在認知、情感方面曾經歷過非常強烈的重新組構，並且體驗過與禪定連結的心靈整合。除了這些結果之外，她還自然而然、毫不費力地把自己對每張卡片的反應敘述，串組成完整的佛法開示。在這整個過程中，她沒有破壞任何一張卡片的感知測試的價值，這種了不起的成就是研究人員前所未見的❷。

傑克·恩格勒

沉著的大山

我對蒂帕嬤最深刻的記憶，就是她那沉穩且如如不動的寂靜。一九七六到一九七七年間，我和一位好友亞倫．克雷門待在加爾各達，跟穆寧拉和蒂帕嬤相處了一段時光。有一天，穆寧拉邀請我們去聽他當晚的開示。我們跟穆寧拉與蒂帕嬤一起搭車前去會場，並且很早就到達了。蒂帕嬤、亞倫和我坐在前排，慢慢地人愈來愈多，二十分鐘後，這個在我看來只能容納五十人的會場，竟然擠了大約兩百人。我的腿挨著蒂帕嬤的腿，且幾乎是直接擱在她大腿上了。然後，穆寧拉以孟加拉語開始為時五個小時的開示。就這樣，在一個極度悶熱又過度擁擠的空間裡，聽著孟加拉語開示五小時之久！我極盡能事地穩住自己，但身體裡卻像是裝滿了墨西哥跳豆一樣，我扭來扭去，煩躁不

❷這段話摘自《意識的轉化》（*Transformations of Consciousness*）一書中的〈正念禪修 II〉（*Mindfulness Meditation:II*）。由肯恩．威爾伯（Ken Wilber）、傑克．恩格勒，以及丹尼爾．布朗（Daniel Brown）合著。波士頓：香巴拉出版社，一九八六年出版。

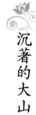

安，並且不斷嘆氣。但是蒂帕嬷卻像是一座沉著的大山，在這五個小時裡，她一直處在某種深沉的禪定中。我在焦躁不堪的情緒裡，不斷回到蒂帕嬷寂靜與沉穩的氛圍中，這令我得以沉靜下來，就這樣我才度過了這五小時。她甚至沒注意到我的痛苦掙扎，在此中，沒有一絲一毫的評判，只有光華四射的自在與沉靜。

凱薩琳．英格蘭（Catherine Ingram）

佛陀無畏的女兒

蒂帕嬷和我一起搭乘飛機從印度到美國。有段時間飛機飛得很不穩，還因為遇上氣渦而下墜。在飛機往下掉，還沒飛進穩定氣流之前，飲料和各種物品都飛到天花板上，我忍不住叫了出來。蒂帕嬷坐在隔著走道的隔壁排，她伸出手來，拉住我的手，緊緊握著，然後輕聲地說：「佛陀的女兒，心中毫無畏懼。」

瑪麗亞．孟羅（Maria Monroe）

part 3 蒂帕嬤的傳奇

11

十項必修的功課

「找到適合自己的法門之後，就不斷地練習下去。」

蒂帕嬤在內觀禪修協會，1984（珍妮絲．魯賓）。

蒂帕嬤靈性之旅的故事是所有求道者的故事原型。她所描述的種種開悟階位——從踏出第一步、下定決心面對、克服困難、尋求解脫，以及與世界分享自己的開悟體驗，這些都跟佛陀當年的轉化之旅有許多類似之處。

當年佛陀在菩提樹下悟道之後，便開始宣揚四聖諦：首先是苦諦，強調痛苦的存在，並揭示苦是人類存在的共同表徵此一事實；第二是集諦，說明苦的成因乃出自於人們的執著；第三是滅諦，指的是我們有可能將前面說的苦與集完全滅除；第四是所謂的道諦，也就是說要達到滅的正道，而這能夠讓我們離開痛苦得到解脫。簡單地說，佛教的修行方式就是滅苦，不僅爲了我們自己，也爲了眾生。

爲了實踐「個人的痛苦能夠得到解脫」的承諾，使我踏上了修行之路；而正是因爲蒂帕嬤的生命啓示，給予我信心，使我踏上這個旅程。身爲一位女性，並身兼母親和家庭主婦二職，蒂帕嬤的故事讓人們相信，佛陀的求道之路以及尋求解脫的偉大目標，都可以在此生實現。

以下是我從蒂帕嬤的重要教法中歸納出的一些必修課程，但願能夠對你的解脫之旅有所助益。

第一項功課：選擇一種靜坐法門並且持續不斷地修行

「如果你想要在修行上有所進展，在選定一種法門之後便需精進不懈。」

對於剛踏上禪修之旅的人來說，蒂帕嬤會堅持要每個人都找到適合自己的修行方式，並持之以恆。千萬不要放棄，也不要一直改變修行方式。找到適合自己的法門之後，就要不斷地練習下去，直到你遇到自己的「瓶頸」，也就是當困難產生的那個關鍵點。

西方國家的求道者常犯的一個錯誤就是，他們經常把這些困難看成是修行上出現問題，然後當挑戰變得愈來愈大時，大家心中便會生起嘗試其他方法的念頭，想要來一場「靈性瞎拚」（spiritual shopping）。當我們遇到瓶頸的時候，從這個角度來看其他的修行方式總是比較容易：「或許我應該試試西藏的誦經，或是蘇非舞。」事實上，這些困難通常是一個可靠的指標，正表明了這個修行方法是有效的。

請將蒂帕嬷的勸告牢記在心。選定一種修行法門之後就要堅持下去，不論這當中你經過了多少的困難與懷疑，或是感受到多少的激勵與挫折，又或者是內心經歷了各式各樣的起伏。只要你能一直堅持下去，度過那段最黑暗的時光，智慧的曙光終會向你顯現。

第二項功課：
每天靜坐

「當下就要修行，不要以爲過一會兒你可以做得更多。」

蒂帕嬷堅定地說，「如果你想要內心平和，那麼你就要恆長地禪修。」她堅持學生們每天都必須找時間規律地修禪，即使只是短短的五分鐘也好。如果連五分鐘都找不到的話，她會建議：「至少每晚睡覺前，注意自己的吸氣和吐氣。」

除了傳統的靜坐方式之外，蒂帕嬷也極力勸導學生，利用生命中的每一刻來禪修。有些學生的生活非常忙碌，幾乎找不到時間靜坐。狄帕克．喬赫里就告訴蒂帕嬷說，他根本沒有時間，因爲他在銀行的工作時間軋得很滿。他解釋說，白天的時間都在算帳，而且因爲工作必須不停地奔波，實在忙得不得了，根本沒時間想禪修的事。

但蒂帕嬷不接受這樣的理由，她堅信禪修是隨時隨地都可以進行的，跟生活是不可分割的。「如果你很忙碌，」她告訴狄帕克：「那麼這個忙碌本身就是你禪修的對象。當你在數鈔票的時候，你要覺察到自己正在數鈔票。禪修就是要知道自己正在做什麼。如果你是急匆匆地趕回辦公室，那麼你就應該覺察到自己是匆匆忙忙的。如果你在吃飯、穿鞋、穿襪子或者是穿衣服，都應該保持正念。這些全都是禪修，甚至當你不小心切到手指頭時，也要把心念專注在那件事情上，你要覺察到自己『切到手指頭了』這件事。」

對蒂帕嬷來說，正念並不是指她所做的事情，而是意謂著她時時刻刻都是蒂帕嬷。

她說，練習正念最好的態度，就是信賴自己做得到並且有堅持到底的意志力。如果你發現自己心思散亂，就表示要從頭再來一次了。蒂帕嬤很清楚地告訴我們，一旦心思散亂，只要從頭開始即可，不要藉口自己做不到和意志力太薄弱。

她勸告學生們：「每個人都會發生這種情況，這不是無法解決的問題。即使你已經喪失了活力或是動力，只要覺察到這個現象，就把心念轉到正念禪修上——行禪、在日常生活中練習正念，或者是坐禪，在這些禪修中，你會有更多的動力出現。」

第三項功課：隨遇而安

「我們每個人都有強大的力量，這份力量可以用來自利或是利他。」

佛陀當年毅然離開妻兒以追求自己的開悟之路，但是蒂帕嬤基於現實生活的考量，發現自己的解脫之路是可以在兼顧母職及生活責任的情況下獲得。她的故事帶給世界各地婦女們的啓示是：「妳不一定要離開家人才能獲得精神上的最高證悟，妳可以在爲人妻母的同時，盡力去追求佛法。」

雖然剛開始的時候，蒂帕嬤也以爲必須放棄自己的女兒，獨自到寺院中去修行，但後來她了解到，其實她可以使自己的家人成爲禪修之路的一部分。蒂帕嬤的這種修行方式是一種劇烈性的顚覆，包含了萬事萬物，也包含了廚房裡的洗碗槽。

「到頭來，這個世界裡沒有任何東西可以攀緣。」蒂帕嬤教導我們：「但是我們可以善加利用世界中的萬事萬物。我們不應當否定生命，它就在眼前，只要生命和我們都在眼前，我們就能夠善加利用。」

蒂帕嬤並不特別執著於某位老師、某個地方、或者是某種生活方式。這整個世界就是她的道場。雪倫回憶道：「在我二十歲的時候，人生充滿了理想。當時我寧可相信，只要自己跟對一位老師，然後長時間練習靜坐，所有的事情自然都會迎刃而解，但蒂帕嬤卻讓我明白，這一切是爲了更大的覺醒。她以身作則地教導我們如何成爲這世界眞正的母親：要成爲一個眞正的母親，就要全心全意地去感受生命；要成爲一個眞正的母親，就要能擁抱生命中所面臨的任何情境，帶著覺察的心，讓生命中的任何情境都變成自己的老師。」

第四項功課：修習安忍心❶

「安忍心是培養正念與專注最重要的美德之一。」

安忍心是經由不斷極限挑戰的鍛鍊而成。如果你持之以恆地靜坐，到最後一定會碰到困難，往往在最具挑戰的情況中，安忍心就出現了，就是這樣呈現出來，這份忍耐力可能是當時最自然的反應，也可能正足以讓你應付當時的挑戰。

❶安忍心：指安住忍耐之心，為六波羅蜜之一，十波羅蜜之一。指心能安住不動，堪忍身心內外的榮辱惱害，以成就道業。

凱特・惠勒敘述這種安忍心對蒂帕嬤的生活所造成的影響：「她曾親眼看到自己的心經歷過各式各樣的痛苦，但仍能不爲所動地一直坐下去。等她從這場心靈之火的淬煉中走出來之後，當她看著你時，眼神會透出某種非常堅定、甚至令人害怕的東西，因爲她已經看到她自己，那根本無處可藏。蒂帕嬤的例子明白地告訴世人，你不可能單單靠著靜坐就獲得開悟，你必須在內心最深處明白這些眞理。」

蒂帕嬤的女兒談起母親是如何在日常生活中實踐安忍心。「在她去世的前一天，我的小孩瑞希當時才十一歲，我準備要工作時他卻不停的搗蛋。我十分生氣，想要過去揍他一頓，但是他躲到我母親的背後去了。母親不讓我碰瑞希，我失控地對著她大吼：『妳不知道，他都快把我弄瘋了，我要揍他一頓！』我母親向我走來，用非常和緩平靜的語調說：『蒂帕，妳是我的女兒，妳以前也曾經頑皮過，但我並沒有因爲妳頑皮就把妳趕出家門啊。』她開始談到人應該要有慈愛及耐心，而且她說話的語調非常緩慢，這次的教誨讓我永難忘懷。」

安忍心是一種終生的修行，會隨著時間的推移而更加成熟與精純。根據蒂帕嬤的看法，安忍心對於人類心靈的成熟非常重要，是我們必須培養的重要美德。

第五項功課：解放自己的心

「你的內心充滿了故事。」

蒂帕嬤並沒有說我們的心靈大部分都是故事，她說我們的心除了故事以外別無他物。這些故事都是我們用來創造並維持我們的獨立認同感的個人戲碼，這當中包含了我們是誰、我們做了什麼，以及什麼是我們辦得到或辦不到的事。在我們沒有覺察的情況下，這些如走馬燈般永無止盡的思緒，就這樣驅迫並限制了我們的生活。但是這些故事本身卻沒有任何的實質性。

蒂帕嬤經常挑戰學生對故事的信念及執著，每當有人說：「我辦不到。」她就會提出「你確定嗎？」「是誰說的？」或是「爲什麼不行？」這類的問題。她鼓勵學生去察覺這些內心的流動故事，觀察它們的空性，並超越這些自我設限。「放掉思惟吧！」她常常勸告學生們：「禪修是無關乎思惟的。」

蒂帕嬤也教導學生，心靈並不是某種必須加以捨棄的黑洞，反而是在不斷親近心靈的過程中，漸漸地去了解以及接納它，讓它不再成爲問題。蒂帕嬤非常清楚地知道，伴隨著這個覺察過程而來的就是自在解脫——她自己就是安住在一種無思慮的覺察狀態中。

有一次在進行小參❷時，傑克．康菲爾德很天眞地問道：「妳的心靈世界到底像什麼樣子的呢？」蒂帕嬤微笑，閉上雙眼，然後安靜地回答說：「在我的心靈中只有三件事情：專注、慈愛，以及寧靜。」

傑克因爲不確定自己聽到的答案，再問她：「只有這樣子嗎？」

「是的，就是這些。」蒂帕嬤回答。

這時，整個房間一片沉默，然後室內傳來零星的讚歎以及微細的笑聲，接著只聽見傑克隱約喃喃自語著：「眞是美妙啊！」

第六項功課：熄滅情緒之火

「瞋心是一把火。」

每當有人來探訪蒂帕嬤，不論這個人是誰、處在何種情緒狀態、或者當時是什麼樣的處境，蒂帕嬤都以完全的慈悲來接納每一個人。

我們是否也能用同樣的態度接納自己內心生起的各種情緒？我們是否能夠把自己的情緒狀態視爲形形色色的訪客，然後以慈愛之心來對待這些情緒？我們是否能夠只是容許憤怒以及各式各樣的情緒生起，然後讓它們消失，卻不在內心與它們做任何回應、不

❷小參：禪林用語，指隨時的垂說，以有別於上堂說法之「大參」。又譬如人家有三、五子，晚間返家，父母一一處裁斷彼等日間所行之正誤，所以又稱為家教、家訓。小參本無定所，每於日暮時鳴鐘，視衆之多寡，而就寢堂、法堂、方丈等處升座說法，說法內容包括法語、宗要及日常瑣細，概為一種簡單的賓主問酬方式。

造成任何的傷害呢？

「在日常生活中，我們每天都會碰到許多不愉快的事，」蒂帕嬤說：「有時候我會遇到許多激怒我的事，但是我仍然保持內心的平靜。這些激怒在內心生起，然後消失，我的心靈不被這些事件所干擾。憤怒是一把火，但是我卻感受不到任何的火氣，它生起，然後馬上就熄滅。」

我深受蒂帕嬤典範的激勵，但也不禁思量：在某些情況下，我們不是應當要生氣嗎？至少在某些時候，憤怒是合理的吧？但是蒂帕嬤的答案非常簡單：「不，憤怒絕不可能是合理的。」而她也找到各種方式讓自己用一種不憤怒的態度來度過人生。

希薇雅．布爾斯坦是一位禪修老師，她在一九八〇年代曾經招待蒂帕嬤住在自己家中。她提到，她的丈夫有一次特別針對「不憤怒」這個論點向蒂帕嬤提出反駁：「當時蒂帕嬤正在談論能夠保持內心寧靜和諧以及不憤怒的重要性，我的丈夫就問她，『妳辦得到嗎？如果有人想要以某種方式傷害瑞希，甚至威脅他呢？』」

「我當然會制止他這麼做，」蒂帕嬤回答：「但我內心沒有任何的憤怒。」

第七項功課：一路開心

「我非常開心。如果你來參與禪修的話，你也會非常快樂。」

傑克．恩格勒曾問過蒂帕嬷，在佛教徒的修行中，樂趣是否有容身之處。他說：「這一切聽起來都非常的灰暗，我們要捨棄熱情、憤怒，以及欲望，聽起來像是一種很灰暗的存在，修行的樂趣到底在哪裡呢？」

「噢，你根本不了解！」蒂帕嬷大笑起來：「在日常生活中，很多事情都不斷在重複。我們總是用同樣的思惟模式來體驗生命中所有的事情，一旦貪婪、憎恨，以及各種幻象都不見的時候，你就能隨時用全新的眼光來看待世間萬象。每一個瞬間都是全新純粹的，過去的生命都是沉悶無聊的。如今，每一天、每一刻都充滿了熱情和新鮮的滋味。」

艾力克．科維格（Eric Kolvig）還記得有一次在團體佛法討論中，蒂帕嬤展現了非常頑皮而風趣的一面。「那天，蒂帕嬤的孫子在廚房裡不知何故開始胡鬧。這個兩歲大的小暴君非常頑強地吵鬧不休，蒂帕嬤把他叫過來，然後讓他趴在她的腿上，輕撫他的背部及犬齒——這是一種非常古老的祝福。在他們身邊有一輛藍黃相間的塑膠玩具車，蒂帕嬤始終是一臉的寧靜，她撿起玩具車，倒過來放在自己頭上，同時繼續與眾人討論佛法。在接下來整個討論過程中，她就一直保持這個樣子。這就是深植在我腦海中蒂帕嬤的影像：她輕輕拍撫躺在腿上那個漸漸安靜下來的孫子，頭上放著一輛藍黃相間的玩具車，並和眾人不斷地討論佛法。蒂帕嬤是一個偉大的靈性戰士，她是我所認識最偉大的人，而那輛玩具車就變成了戰士最高貴的鎧甲。我這麼說可不是在跟你開玩笑。」

第八項功課：簡樸的生活

「過簡樸的生活吧！

非常簡樸的生活有益於萬事萬物，過分的奢侈則是修行的障礙。」

雖然蒂帕嬷和家人只是住在兩個小小的房間裡，但大部分的訪客卻覺得這些房間既寬敞又明亮。有個學生發現，我們這些住在西方的人總是覺得自己需要非常寬敞的空間，但是蒂帕嬷所擁有的卻是非常寬闊的心靈空間。

蒂帕嬷的生活，無論在哪一方面都非常簡樸。她平日不從事任何社交應酬，她不會說任何沒必要說的話，也不會讓自己捲入他人的紛爭和抱怨之中。她爲自己和學生們所樹立的生活準則就是，要誠實地生活並且絕不怨怪他人。

蒂帕嬷經常只是安靜地休息著。她說：「每當我有時間獨處的時候，我總是把心往內收攝。」她不會把時間花在對生命毫無必要的活動上。

猶如我們靜坐的時候，練習把自己的專注力全部放在某一個事物上，蒂帕嬷做每一件事情時，都是全然地專注，絕不會憂慮下一件事情。她說：「把心力放在過去和未來，只是徒然浪費你的時間。」不論做什麼事情，總是完全專注於當下，並且以輕鬆、寧靜以及非常簡樸的態度，完成每一件事。

第九項功課：培養祝福的精神

「如果你祝福周遭的人，將有助於你隨時保持專注。」

蒂帕嬤的一生都不斷地在祝福他人。她把祝福獻給所有的人，她賜予他人完全的祝福，對著他們的全身吹氣，並且念咒，輕撫他們的頭髮。

蒂帕嬤有一次鼓勵在航空公司擔任駕駛的學生，她要這個學生在執行勤務時，把慈愛與祝福獻給乘客以及他的同事。她說這麼做會讓他在整個旅程中保持更高的警覺性，同時還能夠讓機上所有的人都很快樂。她的祝福不只單單賜與「人」，在學生登上飛機之前，蒂帕嬤還會把祝福獻給「飛機」。搭車的時候，不只讓她有機會祝福這輛車子，還能祝福駕駛員以及加油工。一個人如果隨時隨地都能夠訓練這種祝福的精神，就能夠化平凡爲神奇，這是一種能夠不斷地與恩典、祝福相遇的方式。如此一來，我們就不是只會在每頓飯前謝恩，而是會隨時爲自己獻上感恩的心。

第十項功課：
這是一場輪迴之旅

「禪修使人的心靈健全。」

有一位擔任老師的朋友馬修・法蘭克斯坦（Matthew Flickstein）告訴我：「艾美，妳知道嗎？跟十八年前剛學習禪修時比起來，現在的妳並沒有更接近眞理。」

我的臉上想必露出非常驚訝的表情。

「妳並沒有更接近眞理，」他接著說：「因爲妳就是眞理。」

佛教徒常用隱喻的方式談到：「離開這個世界」以及「回到這個世間」，但事實上並沒有離開或回到世間這回事。我們無法離開或回到自己的本質，無法回到我們生命最根本的眞理中，因爲它原本就是不生不滅，而且一直在這裡。它只是被一層無明的薄膜蔽障住了，你無法發現它，你在做的只是讓它出現，從那圍繞在你身旁無明的烏雲中冒出頭來。看清楚自己的眞實本性，明白自己與萬事萬物是互相依存的，因此，事實上你要爲發生在這世上的每一件事情負責任。

這趟禪修之旅的美善之處在於，這條路必然會帶領我們回到當初那個出發的源頭。當年蒂帕嬤爲沒有子嗣而深感痛苦時，她的丈夫非常明智地建議她，把世間所有的人都當做自己的孩子來看待。但在她遇見這些能夠啓發及轉化她整個生命的教誨之前，她在那些艱困的日子裡，整個人迷失在不滿而憂傷的泥沼中，她試著要「塡滿那個心靈的黑洞」。然而，當蒂帕嬤步入晚年的時候，她實際上已經成爲眾人的母親。在那個當初需要被塡滿的洞口裡，如今出現的是一顆願意向眾人敞開的心。

12

面對大師答客問

「你無須去攀緣任何東西或是去執著，你只要觀察。」

蒂帕嬷在床上教導禪修，加爾各答，1973（洛伊．邦尼）。

以下的問答集是一九七〇年在印度，以及一九八〇年在美國內觀禪修協會對蒂帕嬤所做的訪談記錄。

Q 我應該如何練習內觀禪定？

A 首先你要背部挺直地坐著，閉上眼睛，然後讓自己的下腹部隨著呼吸而自然地起伏。覺察自己的呼吸，當你觀察自己吸氣及吐氣時，問問自己：「這個呼吸的觸點在哪裡？」讓你的心念專注在這個觸點上。你不必去管這個呼吸，只要去感受這個觸點就可以了。如果這個呼吸是粗重的，就讓它粗重；如果這個呼吸是急促的，就讓它保持急促；若這個呼吸令人感到安適，那麼就讓它很安適。總之，只要去感受呼吸就可以了。

當你的心飄盪到別的地方去時，只要注意到這個現象並對自己說：「思考。」然後再把注意力專注在自己呼吸的起伏上面。如果身體的其他部位生起了任何一種覺受，像是腿部有疼痛的感覺，你就要把心靈專注在這個疼痛上面，然後注意到：「疼痛。」當疼痛消失或是減弱時，你就再次回過頭去專注在呼吸的觸點上。如果這時心裡浮現不安的感覺，那麼就去注意這份「不安」。

如果我們聽見了吵鬧的聲音，請對自己說：「聽吧，聽吧！」然後把注意力放回呼吸上面。如果這時各種回憶湧現，你要知道它們就是「回憶」。對於你所看見或是你心中想到的任何事情，只要覺察到它們的存在就可以了。如果你看見了影像或是光亮，只需覺察到「看見」或是「光亮」就可以了，你無須去攀緣任何東西或是去執著，你只要觀察。

在內觀禪修中，你觀察的是呼吸的起伏，以及在自己身心所生起的任何現象，所以此時，你心中會生起或苦或樂的感受，並且轉換成種種思惟。不論這過程中發生什麼情況，只要去覺察它，然後它們就會消失，隨後又會浮現另一個想法。修習內觀禪修就是一種覺察的練習。我們的六識❶都會生起（心識❷是屬於第六識），我們只需要覺察到它

❶六識：十八界中的六識界，即以眼、耳、鼻、舌、身、意等六根為依，對色、聲、香、味、觸、法等六境，產生見、聞、嗅、味、觸、知分別作用。

❷心識：心與識的並稱。小乘俱舍宗主張心與識為同體異名，大乘唯識宗則以心、識兩者為別體，而有一識、二識、乃至無量識之別。

們的生起、消失，然後再把你的專注力放回到呼吸上面。對於任何一種出現在你心目中的想法，你只要覺察到就可以了。

Q 內觀禪修的目的是什麼？

A 內觀禪修的目的是要泯除十結使[3]，這些是在你心中的糾結或是阻礙。你若能帶著清明的覺知，非常緩慢地觀察每一個瞬間，你就能打開心中的糾結。這十結分別是對自我的妄見，亦即身見（即獨立有一個我存在的妄見）、疑、戒禁取見、欲貪、嗔、色貪、無色貪、慢、掉舉、無明。

經過每一個階位的證悟，心中這些糾結就會一個接著一個，慢慢被消除。一直到第四階位[4]時，這些糾結都會不見。這些糾結都是我們與生俱來的，它們就如同燃燈油，當這些油變得愈來愈少，因惡習滋養的亮光就會愈來愈黯淡，到最後自然就油盡燈枯。一旦熄滅，生命的輪迴也就終止了。由此看來，輪迴是掌控在你自己手裡。

Q 如果我在靜坐時睡著了，怎麼辦？

A 在靜坐時睡著並沒有什麼害處。有時候瑜伽就是在靜坐中睡覺，他們稱之爲「瑜伽式的睡法」，這種事很常見，不要爲此擔憂。當我初學靜坐的時候，總是哭個不停，那時我希望能夠以全部精力和熱誠來遵循老師的教誨，卻因爲昏睡的關係總是辦不到。因爲昏沉讓我不論以站姿或坐姿都無法好好地禪修。在學習禪修之前，我有長達五年的時間深受失眠之苦，等我總算有機會學習禪修時，卻因昏沉而無法進入情況。我用全部的精力來驅趕睡魔，卻依然毫無辦法。有一天我整個人突然進入一種清明的狀態，原先的昏沉感也消失無蹤，從此以後，我可以靜坐好幾個小時也毫無睡意。

❸十結使：十種束縛、桎梏，常以十結使有多少個被斷滅來描述覺悟的次第。十結使指的是：(一) 身見，(二) 戒禁取見，(三) 疑，(四) 貪，(五) 瞋，(六) 色貪，(七) 無色貪，(八) 慢，(九) 掉舉，(十) 癡。

❹第四階位：arahantship，也就是四果阿羅漢。修行的成果中，聲聞之果為須陀洹、斯陀含、阿那含、阿羅漢等，稱為四沙門果；獨覺之果，稱為獨覺果；佛之果，稱為佛果、妙果、無上果。

Q 我們的業力⑤是不是就像是已經記錄好的帳冊？如果是的話，它是記錄在什麼地方？

A 每個人都有一個業力之輪，就掌握在自己手中，沒有人能夠爲它做記錄。當你行動的時候，它就被記錄下來，隨著每個人的心識之流而飄動。從你出生的那一刻起，這份業力就緊緊地跟隨著你，別人只能爲你指引方向，但無法改變你的業力。沒有人能夠任意承擔他人的業力，你必須自己來承擔這份責任。由於業力的作用，有人能夠在禪修的時候進步神速，有些人則遲遲無法有所進展。有些人在過程中會感受到極大的痛苦，有些人卻不會。

Q 如果這世間沒有靈魂，那麼到底是誰在看、在聽，以及知道這一切？

A 智慧。

Q 當我們的能量和用功都不足的時候，該怎麼辦？

A 有時候能量會變低，有時候會變高。有時候不夠用功，有時候反倒是用功過頭了，而你眞正要注意到的只有一件事，就是「能量與用功都不足的時候」。當它極度不足時，如果你注意到不平衡的情況，它就會自動調節過來。要覺察「能量不足」或者「能量太過」的情況，直到能量和用功兩者達到平衡狀態爲止。這整個過程應該要非常地安靜、沉緩，以及自在。我們藉由察覺到它們的狀態來調節能量和努力，我們不應成爲能量的受害者。

❺業力：karma，指善惡的業有生起苦樂果之力用，稱為業力。一切苦樂之果皆因業力所致，故通常有「業力不可思議」之語。《有部毘奈耶》卷四十六：「不思議業力，雖遠必相牽。果報成熟時，求避終難脫。」

Q 妳如何能做到愛一個東西卻不執著？

A 有一個簡單的例子就是水。「不執著」意謂著你整個人漂浮在水上，但沒有一頭栽進水裡。你沒有潛到水裡面，而只是讓自己漂浮在上頭。

Q 修行的人是否一定要吃素？

A 一個人是否吃素，這個問題並不重要，眞正重要的是這個人的心理層面。即使你是一個素食者，但你的心若是受到貪、瞋、癡三毒[6]的染污，那麼你口中的素食也會變成不淨的食物。這是佛陀的教法。但若你的心不再有貪或瞋的念頭，對你來說，這些葷食就會變成素食了。因爲任何行爲——不論是身、口、意[7]，佛陀認爲最重要的還是一個人的動機。

Q 有時候我會想自殺或者感到沮喪萬分。

A 沮喪和自殺的感覺是一種疾病。有時候就連基礎深厚的修行人，內心也會生起這種厭世的灰色思想。我們要試著讓自己的人生觀更積極、更實際。就某方面來說，你必須明白自殺所帶來的後果——這樣的行爲將導致你在許多的輪迴中都無法拯救自己。此外，你還要記住人的生命是非常珍貴的，千萬不要糟蹋它。最好是致力於內觀禪修，並保持內心的喜樂。

❻三毒：指貪欲、瞋恚、愚癡，即貪、瞋、癡三種煩惱，又作三火、三垢。一切煩惱本通稱為毒，然此三種煩惱通攝三界，係毒害衆生出世善心中之最甚者，能令有情長劫受苦而不得出離，故特稱三毒。

❼身、口、意：指一切不善之身、語、意三業，合稱為「三惡行」，乃「三妙行」的對稱。

Q 智慧是否對禪修的進步極爲重要？

A 不是的，我個人就沒有任何智慧可言，而且我對禪修或者意識的各種狀態也毫無所知。我只是對佛法有很單純的信念，覺得裡面有我要尋找的東西。我懷抱著這樣單純的信念，便踏上了禪修之旅。

Q 正念的作用是什麼？

A 我說個例子給你聽。如果我告訴你某個地方藏有珠寶，請你去把它找出來的話，你就會離開家裡，到我說的地方去尋寶。在你前往尋寶的過程中，可能剛好看到有人在打架，於是你停下來駐足旁觀。但過了一會兒，你就會繼續前進。然後，你可能會看到一場鑼鼓喧天的婚禮，這時候你又停下來，之後你還是會繼續前進。接著，你可能看到有人在街頭遊行而停下來，但又會繼續走下去。在這整個過程中，假如你沒有保持正念，就沒辦法到達目的地去取得那些寶藏。但是只要內心有正念，即使過程中充滿著干擾和阻礙，你也不會因此迷失；相反地，你將能毫無阻礙地繼續走下去。正念會支持著你到達目的地。

Q 在妳生命中的那些重要轉變，是發生在密集禪修期間，還是發生在妳將禪修帶入日常生活之後？

A 最重要的轉變是發生在密集修練的時期。我在自己的日常生活中不斷地加強它們，它們因而變得更加地深化。

Q 妳內心的悲痛與哀傷是慢慢消失的，還是由於產生了某種洞見而快速地消失？

A 我可以感受到那些悲傷是慢慢消失的，但經過更多的禪修之後，使我獲得了某種智慧，因此所有的悲傷都消失不見了。

Q 應該由誰來教導禪修？

A 有兩種東西可以教導別人，第一種是知識和理解，另一種則是有親證體驗，也就是達到初果或二果。

以下是傑克．康菲爾德爲蒂帕嬤的回答所做的詮釋：身爲老師所應具備的完美德行，與修行實踐時所需要的能力是有所不同的。基本上，它們屬於不同的層面，有些人可能在禪修和靈修方面極有潛力，有些人在溝通及教導方面能力極佳。我們未必能兩者兼具，但是對有教導才能的人來說，他還是希望能夠體驗到靈性生命中那種極深刻而美好的經驗，而同時又能具備與他人溝通的能力。

Q 當感官欲望非常強烈的時候，最佳的因應之道是什麼？

A 你必須靜坐，並且將注意力直接放在這些感官欲望上面。你要了解欲望是非常強烈的，你要熟悉它們……。當這些感官欲望生起的時候，了解它，然後你就能夠克服。你可以停留在感官世界中，而仍然是一個優秀的佛教徒，這是因爲你能夠出入自得，在覺察的同時又能「跳脫這個世界」。換言之，就是你能夠做到不耽溺、不執著。

Q 你對生命的基本認識是否已經改變？

A 我對生命的看法已經有巨大的轉變，以前的我凡事都非常執著。我的占有欲極強，想要許多東西。如今我的感覺卻像是在飄浮，處在一種出離❽的狀態。我活在世間，但不再想要任何身外之物，不再想占有任何東西。我生存於這個世間，如此而已，這樣便足夠了。

❽出離：超出脫離之意。即離迷界、出生死輪迴之苦，而成辦佛道，以達於解脫之境，亦即出離三界之牢獄，了脫惑業之繫縛。一般有「出離三界」、「出離生死」、「出離得道」的慣用語。

Q 我該如何修慈愛？

A 以下的回答是從蒂帕嬤的錄音指導，以及米雪兒．李維的回憶綜合而成。米雪兒跟隨蒂帕嬤修慈愛，並且身體力行了二十年以上。讀者可以自行決定在整個禪修過程中運用慈心禪，或者在開始或結束時運用它。這五種不同的修習階段到最後也可以加以綜合，一次全部運用。不過就初學者而言，最好的方法還是一次只專注在一個階段上。

【第一階段】

第一個階段是要愛你自己，成爲自己最好的朋友。首先要把這份慈愛之心擴展到你自己身上。你可以運用下列的句子或是心像來引導自己，這樣你心中便能產生慈愛的感情。

願我心中沒有敵人。

願我沒有任何危險。

願我心中沒有煩惱。
願我身心皆得安樂。

「敵人」這個字既能夠代表外在的敵人，同時也代表成爲自己的敵人。「敵人」可以存在於我們各種不同的情感領域中，從最細微的氣惱，到最強烈的憎恨，以及對於自我或他人的惡意都是。

當你在心中默念上面這些句子時，內心要很平穩清明地掌握住自己的影像。如果你不能夠觀想自己的影像，那麼請試著回想自己鏡中的影像。如果這麼做還是有困難，就直接去照鏡子，或者注視自己的照片，直到你的心靈之眼能夠看清自己爲止。

請依序重複這些句子。如果你因爲無法專心而忘記了下一個句子，那麼請從頭開始念起：「願我心中沒有敵人。」讓自己的心一次又一次被拉回到這些句子中，這樣就能夠讓你的專注力加深。

讓自己沉浸在這些祈願所蘊藏的深刻意義與情感當中，是非常重要的事。就讓這些字句引導你，讓你在修行的時候能夠保持專注，內心不會散亂。讓你在自己的心思意念中，充滿對自己的祝福，同時內心生起了心像，並且在這段期間內盡可能地不斷對自己默念這些句子。

當你進入甚深專注的狀態中時，內心覺得你能夠真正的愛自己，並且能夠很安穩清明地掌握住自己的影像時，接下來如果你願意的話，可以繼續進入下一個階段，也就是把這份慈愛之心擴展到好朋友身上。

【第二階段】

運用我們先前曾經默念的句子，把這份慈愛之心導向到自己好友或尊敬的老師身上。正如同你先前把慈愛傳送到自己身上，如今，你把這位好友的影像清楚及安穩地呈現在自己的心中，然後把這份慈愛之心擴展到他或她的身上，並在心中默念：

願你心中沒有敵人。

願你沒有任何危險。
願你心中沒有煩惱。
願你身心皆得安樂。

當你覺得你能夠愛朋友如同愛自己，或是能夠在默念這些句子時，心中清楚及安穩地呈現這個影像，那麼如果你願意的話，就可以進入下一個階段。

【第三階段】

接下來這份慈愛所要傳送的對象是所謂「受苦的人」——所有在受苦中的生命以及群體。先前我們將關注的焦點專注地放在某一個人身上，現在則把這份慈愛之心擴充到更多的人身上。首先，先在內心把一群受苦的人當做對象，運用先前你對待自己以及好朋友的方式，將這些慈愛之心擴充到這些人身上。

願你心中沒有敵人。
願你沒有任何危險。
願你心中沒有煩惱。
願你身心皆得安樂。

如果你心中同時生起另一群在受苦的人的影像，例如在醫院裡或是在戰爭中受苦的人，就可以直接把你的慈愛心轉到他們身上，並且在禪修的時候讓這些影像自由地在心裡交替變換。請不斷地複誦這些句子，同時讓內心愈來愈專注於這些句子背後所隱含的慈愛感情。

我們首先以對自己眞實且深刻的愛做爲一切基礎，然後在這個過程中了悟到，一顆自愛的心如何成爲我們愛別人的基礎和動力。你在愛自己的同時，也能夠學會愛朋友如同愛自己；然後你愛那些受苦的人如同愛你的朋友，這麼做也就是愛你自己。藉由如此不斷地修習，最後所有類型的人都會融合爲一。

【第四階段】

到了第四階段，慈愛與寧靜就會融合在一起。這個階段的修習是要讓內心深刻明白這世間的一切友情都是源乎一心，並且要將我們的慈愛之心平等地傳達給一切眾生，包括你的朋友、那些受苦的人、你不認識的人，以及那些讓你覺得難以相處的人，也就是這世間的所有生命。

願眾生心中沒有敵人。
願眾生沒有任何危險。
願眾生心中沒有煩惱。
願眾生身心皆得安樂。

要能夠做到這個境界，必須先讓自己的心化爲慈愛。我們要讓自己的心全然沉浸於慈愛的感受中，才可能辦得到。到目前爲止，你所用的各種辭彙以及話語，其實都只是引導我們內心生起慈愛之心的種種暗示。讓你的心化爲慈愛，並且帶著寧靜之心專注其中，不論它流向何處，你都能夠做到寂然不動。

【第五階段】

修習慈心最重要的一個階段，就是將所有的階段加以整合，並且在這段期間內把每一個階段都複習一次。用這個方式修習，禪修的過程就會像是一首由慈愛所組成的交響曲，這首交響曲的序章是先從對你自己慈愛開始，然後不斷地擴充、擴充、擴充，直到最後，你整個心都會安住於寧靜之中。

13
綿延中的傳奇故事

蒂帕嬤和約瑟夫．葛斯坦，印度菩提迦耶，1989（蘇珊．歐布林）。

偉大的禪修老師往往會以許多不同的方式來教導世人。其中最強有力也最神祕的教導方式，就是單純地示現。從許多人的經驗中證明，由於蒂帕嬤本身純粹、清明，以及慈悲地存在於世間的方式，爲世人樹立了最佳的典範，讓人們能獲得最大的勇氣邁向佛法之路。

即使在蒂帕嬤過世之後，還是有許多學生依然不斷地對於她的示現津津樂道。傑克·康菲爾德曾經說過，當他面臨了巨大的困難以及激勵的時候，都一直受到蒂帕嬤精神的覺醒所影響。根據穆寧拉的說法，像蒂帕嬤或是佛這類覺者的善業，如果我們努力追尋的話，他們就可以爲了我們修行的緣故，隨時向眾生示現。

蒂帕嬤也曾經向她從未見過的人示現，在她去世十多年後，仍然有人談到曾經看過蒂帕嬤示現。

因爲有許多學生都談到在進入禪定一段時間後，他們就會在禪觀或是夢境中見到蒂帕嬤，或者感覺到她以能量的形式出現眼前。有位經常體驗到蒂帕嬤出現的禪修老師說：「你可以稱這種體驗爲恩典，不論你怎麼稱呼它，當這種感覺產生時，我內心裡充滿了感激。」

她仍持續不斷地教導我

蒂帕嬤以各種不同的方式向我示現，其中最有趣的例子是我住在美國西南部的一處禪修中心，正在撰寫此書的時候。

在我書桌上方的那面牆上，我貼了一張蒂帕嬤靜坐時的照片，那是一張三×五吋的彩色照片。某天我換上一張更新、更好的照片之後，就把原有的那張丟到垃圾桶去，當時我突然感到一陣劇痛，心想：「或許我不該把這張照片丟掉。」我隱約記得某位佛教徒告誡我說，把任何與法有關的東西丟掉，都是不尊敬的舉動，這麼做會帶來厄運。「這麼做是否會給我帶來厄運呢？」我尋思片刻。

「胡說八道！」最後我做了決定：「這不過是一張照片罷了，況且它已經被丟到垃圾筒，就要被帶到垃圾場去了。如今我換上一張更好的照片，這麼做並沒有任何的不敬。」辯論到此為止。

幾個月後，在某個炎熱的午后，我正忙著拆掉自家門外那個破爛不堪的門廊。當我從牆上拆下石膏板時，我看見遠端有一個廢棄的沙漠林鼠[1]窩。那隻雌林鼠蒐集了各式各樣的小東西拼築起自己的窩，觀察一下牠們的窩有哪些小東西是一件非常有趣的事。當我湊上去仔細瞧時，有個東西吸引了我的目光。這個窩巢築得相當完整，四周擺滿著錫箔紙和仙人掌的碎片，還有許多紅色的塑膠片、老鼠的糞便以及一支原子筆，而這個環狀窩巢中央擺的竟是一張蒂帕嬤靜坐的照片，照片中的蒂帕嬤正笑容滿面地看著我。

這張照片，跟我多年前初次參訪內觀禪修協會時，在圖書館所見到的那張一模一樣。那是我與蒂帕嬤的初次相遇，這份相遇不論是開始或是結束都始終如一。

她仍然繼續不斷地在教導我。

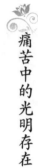

艾美・史密特

痛苦中的光明存在

當我萬分痛苦的時候，當我的病人受到痛苦折磨，或者當我處在痛苦的煎熬環境中時，蒂帕嬤總是會「出現」。這並不是說她真實地出現在我面前，而是在我痛苦之際，她能夠以某種能量的形式存在。在我感覺痛苦的時刻裡，她就出現在我的思惟之中。

每當這種情況發生時，我內心就能夠更加平衡，而且生起愈來愈多的慈悲心。好幾次當我在治療這些處於劇痛狀態的病人時，蒂帕嬤都出現了。她的存在提醒了我：「即使在最痛苦的時候，這個世界上仍然有光明的生命。」

洛伊・邦尼（Roy Bonney）

修習的力量與你同在

我一直深深覺得自己仍不斷地在接受蒂帕嬤的教法。有一個例子就發生在她去世不久，那是一九八九年九月初的事情。

❶沙漠林鼠：desert pack rat，林鼠可以在中北美各種環境中生存，大多生長在多岩石、灌木和沙漠地區。這些灰褐色、中等個頭的齧齒類動物之所以稱作 pack rat（收集鼠），是因為牠們愛把各種各樣的東西搬回家裡，無論是否有用。牠們尤其喜歡閃閃發亮的東西，如易開罐、玻璃和金屬器皿。

那年我參加了內觀禪修協會一個為期三個月的課程，當我在靜坐時，身體有某個部位感到特別不舒服，當時我心裡就暗暗發誓：「我一定要堅持下去，克服這個痛苦，因為我有能力觀照這個痛苦。」當我忍耐已經快到極限時，突然間，我覺得蒂帕嬤充滿了我。我感受到她的存在以及她的祝福：「我修習的力量與妳同在。」就在這極短的過程中，我整個人充塞著一股強大的能量，讓我能夠克服痛苦，繼續靜坐。

珍妮・史塔克（Janne Stark）

謙卑

在我剃度出家的那段時期，雖然那時蒂帕嬤已經過世好幾年了，但感覺上她好像在對我說話，她告訴我，我的天命就是要學習謙卑。如今我回顧多年的出家生活，發現蒂帕嬤的話真是一點也沒錯。

我們種了兩棵樹來紀念蒂帕嬤。第一棵是種在英國的奇塔維卡（Cittaviveka）佛寺中的比丘尼花園裡。當時住持和其他僧侶帶著我們幾個沿著比丘尼精舍的方向走去，我們找到了一塊地方，就掘了一個洞，種下這棵樹。

當時在這個洞的底部有一小塊陶土片，我們把這塊陶土片拿出來時，看見上面寫著主禱文，頓時讓我們感到一股超乎宗教象徵的意義。

幾年以後，我們紀念蒂帕嬤的活動還包括在比丘尼花園建造一座橋樑。我對於這個提議特別高興，因為建造跨溪的橋樑，在我心目中象徵著與蒂帕嬤之間極深刻的連結。

然而在商量整個建造橋樑的細節時，有一些事情讓我非常生氣。事實上，我簡直是暴跳如雷，狂怒不已。不久後，我去看當初我們為了紀念蒂帕嬤所種的那棵樹，發現那棵樹竟然病得十分厲害。

最後，那棵樹死了。這件事情向我傳達了一個非常清楚的訊息，那就是憤怒所帶來的後果。為了紀念蒂帕嬤而做的事情，原本就不應該在憤怒的情緒中完成。最後這座橋終於完成了，我們還掛上一塊紀念蒂帕嬤的匾額。

我們還在英國的阿瑪拉瓦提（Amaravati）佛寺的果園中，為蒂帕嬤種植了一棵橡樹，這棵樹至今仍持續成長並且非常的茂盛強壯。

每當我生氣或是面對挑戰時，我就會走向那棵樹，坐在樹下誦經念咒，唱歌給蒂帕嬤聽。有時我會在樹下設立一座祭壇，並且在樹下經行。當我這麼做時，通常過了一會兒之後，就會感受到整個身體放鬆下來，完全沉浸在蒂帕嬤的愛與理解之中。雖然外在環境的條件並未改變，但是對於所面臨的問題已經不再那麼感到壓迫了。

阿姜・桑納聖提

長相左右的明燈

蒂帕嬤就像一盞安穩且永不熄滅的法燈，她就這樣常明於我心。對我而言，她是永恆存在的。

無論在她生前或她死後，她總是與我長相左右。當我禪修時，我得到的最豐盛禮物就是能夠在內心找到她的存在。她告訴我：「妳可以在內心為自己找到答案，只要妳繼續傾聽。」

米雪兒・李維

有她在就有光明

一九八〇年，當蒂帕嬤離開內觀禪修協會時，我到機場去為她送行。我們曾經共度許多時光，因此我內心感到非常悲傷。當時我哭個不停，心情無比沉重，而且痛苦的感受愈來愈強烈，那種痛苦的程度猶如我三歲半時母親離開了我一樣。蒂帕嬤轉過身來並且直視我的雙眼。

「別擔憂，」她說：「我會永遠與妳同在。」

她舉起雙手並且放在我的胸口上，就在那時，所有痛苦與悲傷的強烈情緒都瞬間崩解，我整個人被光明所充滿。幾十年來，我從來沒有把這特殊的體驗告訴過別人，因為這份經歷實在太過深刻，難以向他人表達。

曾經有很長的一段時間，我一直質疑蒂帕嬤所說的「我會永遠與妳同在」這句話。但是她的確是與我同在，而且愈來愈強烈。十八年前我開始修習正念，蒂帕嬤對我的引導從未停止過。

其他人也一樣能夠體驗到這種殊勝的時刻。今年我跟隨一位印地安達科塔的蘇族（Lakota Sioux）長老去參加一場淨化儀式，這個儀式是由這位長老的祖先傳下來的。當淨化儀式進行到某個時刻，我整個人感到相當驚恐，因為我感受到一股死亡的氣息——一種自我的死亡。我覺得自己已經無法全程參與這項儀式了，便一直想在中途離開，因為這整個儀式對我而言實在太強烈了。當時我淚流滿面，只能整個人撲倒在地並且閉上雙眼，心中只是不斷地想念著蒂帕嬤。

就在那一瞬間，我整個人又被光明所充滿，內心所有的恐懼都消失了。我整個生命沉浸在一股深沉的寧靜感之中，這一切都是我觀想蒂帕嬤的緣故。就在這時，這位達科塔的蘇族長老看著我說：「妳整個人充滿著光明。」

我的內心立即明白，蒂帕嬤雖未曾以肉身示現的方式再回到人間，但如今她卻樂在其中。有時候我可以獲得非常強烈清楚的意象，知道蒂帕嬤身在何處。只要是她出現的地方，人們便會沐浴在一大片的光明之中。

只要我們仍然需要她，蒂帕嬤就會在世間繼續引導我們。她是我們的精神導師之一，她會永遠看顧著我們。

雪倫·克萊德

她就在我身邊

有一次我在進行三個月的密集禪修時，遭遇到很大的困難。在那段期間，我內心不斷地奮戰與掙扎。

後來在我靜坐時，我發覺自己很希望以前有見過蒂帕嬷，我心裡想：「我是否仍有機會接觸到她呢？」

突然間，我感覺她就在我身邊，而且在跟我溝通。我感受到她強烈的鼓勵話語：「如果我辦得到，那麼你也可以。」

在經歷過這次的經驗之後，我整個人進入了一種非常專注的狀態，前後維持了好幾個星期之久。

無名氏

去愛那些不可愛的人

曾有位朋友告訴我，蒂帕嬤是一位非常偉大的老師，我應該多多認識她。在那之前，我從沒聽過蒂帕嬤這個名字。

過了幾天後，我獨自坐在家中，閱讀她的生平故事。當我讀到第三頁時，開始感到一股不可思議的寧靜感，內心原有的恐懼與焦慮都一掃而空。我對自己以及生命中所有的事情都感到十分輕鬆自在，那是一種完全寧靜及全然開放的感覺，這是我以前未曾有過的經驗。

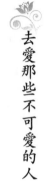

當這個經驗發生時，我感覺到離自己稍微靠右邊的地方，有一個具體的影像出現。感覺像是有人站在我附近，時間大約維持了五分鐘左右。

在那之後有兩天的時間，我覺得自己彷彿在飄浮著，以往那些會讓我焦慮和煩憂的事情，都再也不重要了，那種感覺就像是我已經踏入另一個截然不同的存在領域。以前常聽老師們談到「打開心門」，但是我直到那時才真正了解這句話的意義。我開始看清楚，人只有在完全沒有恐懼的時候，才可能打開心門。這是一種非常殊勝的體驗，對我造成的影響，就是重新點燃我對生命的敬畏之感。

自從那天起，我的心中不斷浮現一句話，我認為那是來自於蒂帕嬤，這句話是：「去愛那些不可愛的人。」

潘蜜拉．柯比（Pamela Kirby）

那股力量牽引著我

有一次我在內觀禪修協會參加慈心禪修營時，某天晚上，約瑟夫．葛斯坦就「慈悲心」這個主題發表了一場精采的談話，在這場談話中，他提到老師蒂帕嬤的一些故事。在演講之後，我便離開了共修會堂，並覺得自己被一股強烈的能量所吸引。那感覺好像我的身體是一個指南針，我整個人正向著某個東西所在的方位移動。這很明顯是來自於一股外在力量的牽引，而不是來自任何內在或者情緒上的力量。

剛開始我猶豫了一下，後來我決定要探索這股能量——到底它從何而來，又要將我帶向何方。在轉了幾個彎和經過一番探索之後，我發現這股力量是要把我帶到一棟建築物的樓上，我穿過大廳走到了M一〇一號房間。當我把手放在門把上的時候，我內心很清楚：在這扇門的後面便是那股力量的來源。

當我進到房間時，那股能量強烈的程度簡直讓人無法招架。我全身不停地顫抖，便找了個角落坐下來。

然後從那股能量散發出來的方向，我注意到有一張照片，照片上看起來有一個像是穿著白衣的男人正在靜坐。

彷彿像是一股能量的漩渦把我拉向這張照片，我走過去把照片撿起來，結果證明它果真是這股能量的來源，因為能量會隨著照片與我距離的遠近，或是上下左右的方位不同而跟著改變。

我心想：「這個人是誰？」然後又想：「我一定要回去收拾家當，然後追隨這位老師，這實在太令人印象深刻了。」

我在那個房間待了一會兒，並且與這張照片一起靜坐，整個人就沐浴在這股強烈的感受之中。這股體驗在我的內心產生了一種專注、愛，以及寧靜的感受，這股強烈的感受維持了好幾天。事實上，這份殊勝的體驗，至今仍然在某種更深刻的心靈層面深深影響著我。

後來我從工作人員口中得知，照片中的人並非一位男士，她正是蒂帕嬷。

大衛．葛蘭特（David Grant）

窩在慈悲的懷抱中

有天晚上我夢到蒂帕嬷，夢中只有我跟她在一個房間裡，我不斷地啜泣，淚流不止，沒有任何言語，也沒有任何想法，只是觸碰自己最深層的痛苦。我的頭就枕在蒂帕嬷的腿上，她輕輕地拍著我的背，一邊溫柔地抱著我前後搖晃著。

隔天，我跟雪倫．薩爾斯堡談到這個夢，並告訴她，我多希望自己曾見過蒂帕嬷，她轉頭對我笑說：「你已經見過了。」

摩欣．凱利（Myoshin Kelley）

頭頂其足

蒂帕嬷圓寂後，有段時間我跟身旁的某人處得很不好。有天蒂帕嬷來到我夢裡，用一種強硬且堅定的語氣告訴我，我應該對此人深深頂禮，用額頭碰觸他的雙腳；她也要我在頂禮的同時，發送出慈愛的能量。光是想到要做這樣的事，跟這個人的關係就可獲得改善，不過這還真是令人感到卑下。此後每當我跟他人處不好時，就會想起蒂帕嬷的鼓勵，開始在心裡想像用我的頭去碰觸他們的雙腳。但是在躬身頂禮之後，我也學到要挺直身體表達真相，並且在必要時做出實際行動也是很重要的。

蜜雪兒．麥當勞（Michele McDonald）

根本沒有這回事

有天下午，出乎預料之外，蒂帕嬷示現來教導我。前不久我才經商失敗，賠了很多錢，就在這個時候又得了感冒，才想好好休息，屋外竟然毫無預警地來了一部卡車，裝滿了我的存貨，司機硬是把四十箱貨物卸在我家前院。坐在草地上，身邊堆滿了箱子，一個生病想吐又破產的我，唉，心中不禁感到絕望極了，便開始自艾自憐起來。我雙手抱著頭，竟然聽到心中出現了個什麼聲音，本來是個小小的笑聲，逐漸愈來愈大聲，倏然間，蒂帕嬤的臉龐出現在我眼前，不斷地笑著。她邊笑邊責備我說：「這樁生意其實是為了布施，不是為了賺錢，甚至打平收支。這是你自己編造出來的故事！想想看，如果沒有這個故事的話，會是什麼光景？」我回她一個微笑，頓時恍然大悟，原來，我只是在某個夏季下午、坐在前院、身邊堆滿箱子、而且一點問題也沒有的人。

艾美．史密特

召喚蒂帕嬤

蒂帕嬤的一些學生們談到他們用什麼方式召喚蒂帕嬤的出現。

我不斷地向她禱告。在許多方面，她已經成為我生命的一部分。她總是與我常相左右。在內觀禪修中所缺乏的一個面向就是奉獻，所以我把這個精神帶進每天的修行中。

每天早上我都會在心中召喚所有的諸佛菩薩，以及古往今來所有的祖師大德。我感受到祂們的視線，並向祂們祈禱，請求祂們能夠在精神上帶領我。然後在這一整天的生活中，我所有的心思意念都離不開這些覺悟的人，蒂帕嬤正是其中之一。

傑克・恩格勒

西藏人有時候會談到密勒日巴[2]修行的能量仍然存在於世間，我覺得蒂帕嬤的使命、熱情、決心，以及她經歷並超越重重險阻的種種作為，這些力量也同樣存在於人世間。藉由世人對她的作為不斷地懷念，使得蒂帕嬤的精神力量長存於世。我們能夠把她開悟的力量再次召喚回來，當生命中出現困難的時候，我會試著去想：「蒂帕嬤在哪裡？」或聯想蒂帕嬤與生俱來的各種特質，尤其是她那令人難忘的鋼鐵般的意志。當我想起她的人格特質，腦海中浮現出她的影像時，我就不再受內心紛擾的思緒所糾纏，我明白自己可以將這一切拋諸腦後。

凱特・惠勒

經過這麼多年的修行，我曾有過的老師只有極少數幾位。我經常在開始靜坐時會在心中觀想一棵「皈依樹」，那上面有佛陀以及曾經教導過我的那些老師們。我一一觀想他們，並且在觀想他們的同時，去感受他們每一個人活潑的特質。

能夠跟這些開悟的人產生心靈上的連結，真是一件非常美妙的事。當我觀想蒂帕嬤時，我便感受到她結合空性與慈悲的人格特質。她的影像能夠將我們的心靈帶入極深刻的層次。

約瑟夫．葛斯坦

我個人跟著蒂帕嬤修行的經驗是，將我的心整個交託在她手中。有一次我聽了一卷她在印度家中對一群人說法的錄音帶，我聽見她愉快地召喚一位遲到的學生。這個人因

❷密勒日巴：Milerapa（1038-1122），西藏成就者，亦為噶舉派創始者馬爾巴的嫡傳高徒。生於尼泊爾附近，七歲喪父，曾經向叔父及姑母報奪產之仇，因而修習咒術殺人及降雹之法，遂造「黑業」，繼而生悔意，乃學「白業正法」。上師馬爾巴為了清淨其罪業，故意給予無數大小苦行，終至其罪業清淨，受灌頂與修持口訣。

為晚到沒有地方坐，蒂帕嬤對他說：「進來吧，如果位子不夠的話，坐到我的腿上來吧……，你是我的孩子啊。」每當我感到悲傷的時候，我就想像是她在呼喚著我：「坐到我的腿上來吧，孩子。」在我的想像中，我走過去，並且把頭枕在她的膝上，而她只是緩慢而溫柔地輕撫著我的頭髮。

艾美・史密特

就像藉由任何偉大精神導師的死亡而學習一樣，我們透過蒂帕嬤的死亡，學會了繼承她的精神遺產。她變成在生命中引領我們的那道光，使我們有能力起而效法，成爲引導別人的力量。正如傑克・康菲爾德所說的：「重點不在於成爲蒂帕嬤，也不在於成爲你在書中讀到的任何一位偉大的修行者或者聖人。重點是去完成更艱鉅的挑戰——成爲你自己，並且發現在當下、在你自己的心中，能夠找到你所追尋的東西。」

當蒂帕嬤的這些故事告一個段落之後，但願你們的故事才正要開始，並願蒂帕嬤的祝福能夠在你的禪修之旅上引導你：

不論我所獲得的是力量或者慈愛，
我都將它們傳送給你，
好讓你獲得信心以及心靈的平靜。
藉由佛、法、僧三寶的恩典，
願你萬事順利，
願你永遠喜樂，
願你能夠遠離傷害，
並且能夠在禪修上日益精進。

後記

蒂帕嬤圓寂之後，每當我遭逢困境、抑或心靈上有所啓發突破時，就會想起她，回憶她的模樣，並深深地感到與她心心相連。蒂帕嬤的一生都浸淫在佛法之中，也就是說，她時時都保持著覺知，而且無論做什麼事，都帶著一顆慈愛的心。她的存在示現了對萬物的敬重，她的教法就是「無時無刻都要把他人放在心上」。每當我沒有全心全意以身心靈生活時，她那老奶奶般叨叨絮絮的問題就會出現：「你的生活態度是否讓自己的所作所爲都得到祝福加持？每個片刻的喜悅、哀傷、每一個人，都得到祝福了嗎？你是否讓自己深入看清所謂的眞實面？」

蒂帕嬤不僅啓示了我們，對我而言，她身爲傳承祖師的力量，也代表了傳承祖師阿姜查或他的老師阿姜曼，以及佛法傳承祖師佛陀。佛教徒通常都會在心中呼喚佛陀，請求佛陀的教導與指引。連那些概念上認爲「嗯，可是佛陀已經不在人間了」的人，還是會這樣做。你也可以用同樣的方式，觀想蒂帕嬤的模樣或喚起某些感覺來遙呼祖師蒂帕嬤。

無論是達賴喇嘛、德蕾莎修女、蒂帕嬤、或其他生活在我們身邊無數不知名的聖者，他們的共通點就是——無我、大悲與寂靜祥和。而我們每一個人也都可以效法蒂帕嬤的精神，也就是寂靜祥和與愛。這是需要時間的，但是對每個人而言都指日可待。最後，重點是，我們並不是要變成蒂帕嬤，或成爲任何一個你在書上所讀到的聖者，而是去完成更艱難的使命：成爲你自己，並且發現你所尋覓的都可以得到解答，就在當下、此處，就在你自己心中。

傑克・康菲爾德

【附錄】

參與者簡介（以中文筆劃排序）

◎**大衛・葛蘭特**（David Grant）

美國緬因州波特蘭的中學老師，目前與妻子、女兒定居該地。

◎**山帝普・慕蘇迪**（Sandip Mutsuddi）

在加爾各答市政府擔任職員，已結婚生子。

◎**丹尼爾・鮑德米**（Daniel Boutemy）

修習上座部瑜伽長達二十七年，公開承認自己是同性戀兼佛教徒的身分。在西方和亞洲追隨多位老師學習內觀以及禪定傳承。

◎**卡蘿・拉雷爾**（Carol Constantian Lazell）

自一九七八年起在內觀禪修協會學習內觀禪修，一九八一至一九八三年於該處服務。有一個十一歲的女兒，目前服務於舊金山地區小學的圖書館。

◎**史蒂芬・史瓦茲**（Steven Schwartz）

學習內觀禪修超過三十年，身爲內觀禪修協會創會成員，是蒂帕嬷早期的學生，也是蒂帕嬷首度訪美的贊助人。

◎**史蒂芬・史密斯**（Steven Smith）

「夏威夷內觀禪修」（Vipassana Hawaii）共同創辦人之一，也是內觀禪修協會的老師。他在世界各地教導禪修營。

◎**安・洛維**（Ann Lowe）

從事書籍封面設計及視覺藝術，與丈夫及兩隻狗住在新墨西哥州。

◎**安德魯・蓋茲**（Andrew Getz）

青少年時代即開始學習內觀禪修，在亞洲接受僧侶訓練。與他人共同創辦爲青少年服務的非營利組織「青年視界」（Youth Horizons）。

◎**米雪兒・李維及喬伊・李維**（Michelle and Joel Levey）

他們跟隨各佛教傳承的老師們學習，並且在各地教導靜坐，透過參與文化活動，將佛法帶入社會主流價值中。他們著有《活在平衡中》（*Living in Balance*）、《簡單的靜坐》（*Simple Meditation and Relaxation*），以及《工作中的智慧》（*Wisdom at Work*）等書。其他著作可上網查詢 http://www.wisdomatwork.com

◎艾力克・科維格（Eric Kolvig）

在全美各地指導內觀禪修以及演講，目前定居於新墨西哥州。

◎西奧芬尼神父（Father Theophane）

苦修會的僧侶，住在科羅拉多州的雪團寺，著有《神奇修道院的故事》（*Tales of a Magic Monastery*）。

◎希薇雅・布爾斯坦（Sylvia Boorstein）

「精神磐石」（Spirit Rock）禪修中心的創始教師，著有《快樂佛法書》（*It's Easier Than You Think: The Buddhist Way to Happiness*，一九九七年，方智出版），以及多本與佛法修行相關的書籍。

◎狄帕克・喬赫里（Dipak Chowdhury）

在加爾各答的銀行任職，是兩個孩子的父親。他參與許多社會和宗教組織，全心投入搶救貧窮計畫。

◎阿那加利卡・穆寧拉（Anagarika Munindra）

國際知名禪修老師，皈依馬哈希尊者受戒爲僧侶，定居於印度伊加普里（Igatpuri）國際內觀學院（Vipassana International Academy）。

◎阿姜・桑納聖提（Ajahn Thanasanti）

一九七九年在傑克・恩格勒的課程中初次接觸禪修，十年後到英國的阿瑪拉瓦提佛寺帶領修行。

一九九一年皈依阿姜・蘇曼佗（Ajahn Sumedho）出家爲尼。目前住在澳洲。

◎**阿夏・吉爾**（Asha Greer）

一位藝術家，也是護士以及蘇非傳統（Sufi tradition）的資深老師。她是新墨西哥拉瑪基金會的創會成員，以及維吉尼亞州夏綠蒂村收容所運動的領導人。目前住在維吉尼亞州。

◎**洛伊・邦尼**（Roy Bonney）

在舊金山灣區從事攝影、諮商及靈性按摩等工作，於一九七三年遇見蒂帕嬤。

◎**珍妮・史塔克**（Janne Stark）

一位盡職的母親及托兒所所長，經營「農夫市場」（Farmers' Market）。目前在波特蘭帶領團體禪修。

◎**珍妮絲・魯賓**（Janice Rubin）

來自休士頓地區的攝影家，一九七六年起，攝影作品在全球各地印行。二〇〇一年的巡迴展覽及攝影集「麥克計畫」（Mikvah Project），內容爲探討古代猶太婦女神祕的洗澡儀式。詳見 http://www.Mikvahproject.com

◎**約瑟夫・葛斯坦**（Joseph Goldstein）

內觀禪修協會（Insight Meditation Society）的創會成員及老師。一九七四年起在內觀禪修協會教導靜坐。著有《一法》（*One Dharma*）及《內觀的經驗》（*The Experience of Insight*）等書。他創建了一個可供個人長期修行的隱居所「森林修行道場」（Forest Refuge）。

◎**馬哈薩拉尊者**（Venerable Rastrapala Mahathera）

菩提迦耶的國際禪修中心（International Meditation Center）主持人，該中心共修會堂以蒂帕嬤之名命名，以茲紀念。他是位作家，也參與內觀禪修指導工作。

◎**馬修．丹尼爾**（Matthew Daniell）

長期修習內觀禪修，目前在杜塔斯大學教授靜坐和瑜伽。

◎**基帕帕諾禪師**（Sayadaw Khippapanno）

出家五十多年的越南僧侶，目前居住在華府附近的佛寺，自一九八二年起開始指導內觀禪修。

◎**雪倫．克萊德**（Sharon Kreider）

育有兩名子女，從一九七七年開始在印度學習內觀禪修。她是領有執照的家庭心理治療師，在科羅拉多州福特科林斯的前鋒學院（Front Range Community College）教授心理學及壓力管理課程。

◎**雪倫．薩爾茲堡**（Sharon Salzberg）

內觀禪修協會的創始成員及指導老師之一，一九七〇年開始學習靜坐，一九七四年起在世界各地教導靜坐。著有《不要綁架自己》（*Faith: Trusting Your Own Deepest Experience*，二〇〇二年，橡樹林文化）以及《慈愛：革命性的喜悅藝術》（*Lovingkindness: The Revolutionary Art of Happiness*）。

◎雪達・洛潔（Sharda Rogell）

一九七九年開始學習南傳佛教，並自一九八五年起在世界各地教導靜坐，其修行受到大圓滿傳承的影響，使她特別強調心靈覺醒的重要。

◎麥可・葛蘭迪（Michael Liebenson Grady）

劍橋內觀禪修中心（Cambridge Insight Meditation Center）的指導老師，自一九七三年開始修習內觀禪修。

◎傑克・恩格勒（Jack Engler）

心理學家，在劍橋醫學院和哈佛醫學院教授心理課程並指導心理治療，是巴爾佛教研究中心（Barre Center for Buddhist Studies）成員。他追隨阿那加利卡・穆寧拉、馬哈希尊者，以及湯瑪斯・莫頓（Thomas Merton）學習。目前和妻女住在麻州。

◎傑克・康菲爾德（Jack Kormfield）

在亞洲出家爲僧，是內觀禪修協會以及精神磐石禪修中心的創始人之一。一九七四年起在全球各地教導靜坐，著有《踏上心靈幽徑》（*A Path with Heart*，二〇〇八年，張老師文化）及《狂喜之後》（*After the Ecstasy, the Laundry*，二〇〇一年，橡樹林文化）。

◎凱特・惠勒（Kate Wheeler）

一九七七年初次參加禪修，著有小說《當群山移動》（*When Mountains Walked*）以及短篇故事集《無中生有》（*Not Where I Started From*），並爲紐約時報及多家出版公司撰稿。目前住在麻州。

◎凱特麗娜・史耐德（Katrina Schneider）

在緬甸叢林寺院中追隨唐卜陸禪師❶。目前定居於美國，並將靜坐運用於收容所病患及慢性病患身上。

◎喬提絲莫伊・拜魯雅（Jyotishmoyee Barua）

住在加爾各答的家庭主婦，育有五名子女。

◎普莉提莫伊・拜魯雅（Pritimoyee Barua）

住在加爾各答的家庭主婦，育有兩名子女。

◎萊斯里・富勒（Lesley Fowler）

長期修習內觀禪修，著有數本詩集與小說。目前定居於澳洲。

◎瑞希・拜魯雅（Rishi Barua）

蒂帕嬤的孫子，於聖方濟學院（St. Xavier's College）取得學士學位，並在加爾各答大學攻讀商學院碩士。

◎**蒂帕・拜魯雅**（Dipa Barua）

蒂帕嬤的女兒，參與許多社會宗教組織，目前任職於加爾各答的中央政府機關。

◎**賈克琳・曼德爾**（Jacqueline Mandell）

禪修老師，育有一對雙胞胎女兒，是「純靜心靈的管理」（Leadership from a Pure Heart）主持人。

◎**達烏・麥伊特**（Daw Than Myint）

蒂帕嬤的外甥女，目前在緬甸聯邦的大學授課。

◎**瑪莉亞・孟羅**（Maria Monroe）

一九六八年在菩提迦耶與穆寧拉學習內觀禪修，一九七〇年到加爾各答拜訪蒂帕嬤，一九七九到一九八四年教導靜坐。目前定居於波特蘭。

◎**蜜雪兒・麥當勞－史密斯**（Michele McDonald-Smith）

自一九七五年學習內觀禪修，並於一九八二年開始在世界各地教導靜坐禪修，致力於保存古老修行法門，並賦予它們更現代化的精神。

---

❶唐卜陸禪師：Taungpulu Sayadaw（1896-1986），在緬甸教學多年，主要寺院在密鐵拉（Meiktila），以身體各部分與死亡為禪修對象。他強調，佛教教學只是為了求得覺悟，當我們看到存在的實相（無常、不完美、無我），覺悟自然就會出現。

◎潘蜜拉・柯比（Pamela Kirby）

南卡羅萊納州的自由編輯，目前定居於加州。

◎霍華・柯恩（Howard Cohn）

有二十五年以上的禪修經驗，是「精神磐石教師委員會」創始成員之一，並自一九八五年起在世界各地帶領禪修營。他的傳承包括上座部佛教、禪宗、大圓滿法[2]、一元論吠檀多[3]傳承。

◎鮑伯・雷與蒂克絲・雷（Bob Ray and Dixie Ray）

兩人共同創立「靈性生活西南中心」（Southwest Center for Spiritual Living）。鮑伯並且在拉斯維加斯及新墨西哥州等地帶領每週一次的團體靜坐。

◎羅勃・巴塞維茲（Robert Bussewitz；**又名巴茲・阿南達**，Buzz Ananda）

一九七八年起開始修習內觀禪修，曾前往亞洲各地朝聖，足跡遍及西藏。目前定居麻州亞買加平原。

◎蘇克摩・喬赫里（Sukomal Chowdhury）

加爾各答市立梵語學院教授兼系主任，已退休，曾任職於許多社會與宗教機構，他爲了此書，將一份有關蒂帕嬤的孟加拉報導翻成英文。

◎蘇珊・歐布林（Susan O'Brien）

一九七九年曾與約瑟夫、雪倫和其他人前往菩提迦耶和加爾各答拜訪蒂帕嬤。一九九六年開始教導靜坐，並參與內觀禪修的函授課程。

◎**蘇迪緹・拜魯雅**（Sudipti Barua）

蒂帕嬤的助教，協助蒂帕嬤策畫位於菩提迦耶和加爾各答舉辦的禪修課程。育有六名子女，在加爾各答經營家族糕餅店的生意。

---

❷大圓滿法：藏文 Dzogchen，西藏佛教寧瑪派主要的修行方法。寧瑪派為修行密宗的主要宗派，其根本教法主張：人之心體，其本質純潔，遠離塵垢，若能聽其自然，隨意而往，於空虛明淨中將心安於一境，即可成佛。所以，大圓滿是一種本初、全然覺醒的狀態。

❸一元論吠檀多：Advaita Vedanta，凡以唯一原理說明宇宙全體之見解，稱為一元論，即謂宇宙世界之根本為一，宇宙萬事萬物皆源於此一元，故無所謂神與世界、精神與物質的對立。印度思想界即依一元論之說而產生不同論派。

衆生系列 JP0012Y

佛陀的女兒：蒂帕嬤

作　　者／艾美・史密特（Amy Schmidt）
譯　　者／周和君、江涵芠
編　　輯／陳芊卉
業　　務／顏宏紋

總 編 輯／張嘉芳
出　　版／橡樹林文化
城邦文化事業股份有限公司
104 台北市民生東路二段 141 號 5 樓
電話：(02)2500-7696 ext2738　傳真：(02)2500-1951
發　　行／英屬蓋曼群島家庭傳媒股份有限公司城邦分公司
104 台北市中山區民生東路二段 141 號 2 樓
客服服務專線：(02)25007718；(02)25001991
24 小時傳真專線：(02)25001990；(02)25001991
服務時間：週一至週五上午 09：30 ～ 12：00；下午 13：30 ～ 17：00
劃撥帳號：19863813　戶名：書虫股份有限公司
讀者服務信箱：service@readingclub.com.tw
城邦讀書花園網址：www.cite.com.tw
香港發行所／城邦（香港）出版集團有限公司
香港灣仔駱克道 193 號東超商業中心 1 樓
電話：(852)25086231　傳真：(852)25789337
E-mail：hkcite@biznetvigator.com
馬新發行所／城邦（馬新）出版集團【Cité (M) Sdn.Bhd. (458372 U)】
41, Jalan Radin Anum, Bandar Baru Sri Petaling,
57000 Kuala Lumpur, Malaysia.
電話：(603) 90563833　傳真：(603) 90576622
Email：services@cite.my

版面構成／歐陽碧智
封面設計／周家瑤
印　　刷／中原造像股份有限公司

初版一刷／2003 年 8 月
初版 14 刷／2011 年 10 月
二版三刷／2020 年 1 月
三版一刷／2023 年 7 月
ISBN ／978-626-7219-40-9
定價／320 元
城邦讀書花園
www.cite.com.tw

國家圖書館出版品預行編目資料

佛陀的女兒：蒂帕嬤 / 艾美・史密特（Amy Schmidt）著；周和君，江涵芠譯. -- 三版. -- 臺北市：橡樹林文化，城邦文化事業股份有限公司出版：英屬蓋曼群島商家庭傳媒股份有限公司城邦分公司發行, 2023.07
面；　公分. --（衆生系列；JP0012Y）
譯自：Dipa Ma : the life and legacy of a Buddhist master
ISBN 978-626-7219-40-9（平裝）

1.CST：蒂帕嬤（Dipa Ma, 1911-1989）
2.CST：僧伽　3.CST：佛教傳記　4.CST：佛教修持

229.6　　112008743

廣　告　回　函
北區郵政管理局登記證
北 台 字 第 10158 號

郵資已付　免貼郵票

104 台北市中山區民生東路二段 141 號 5 樓

城邦文化事業股份有限公司

橡樹林出版事業部　收

請沿虛線剪下對折裝訂寄回，謝謝！

|橡|樹|林|

書名：佛陀的女兒：蒂帕嬤　書號：JP0012Y

橡樹林文化
讀者回函卡

感謝您對橡樹林出版社之支持，請將您的建議提供給我們參考與改進；請別忘了給我們一些鼓勵，我們會更加努力，出版好書與您結緣。

姓名：＿＿＿＿＿＿＿＿　□女　□男　　生日：西元＿＿＿＿＿年

Email：＿＿＿＿＿＿＿＿＿＿＿＿＿＿＿＿＿＿＿＿

● 您從何處知道此書？

□書店　□書訊　□書評　□報紙　□廣播　□網路　□廣告 DM

□親友介紹　□橡樹林電子報　□其他＿＿＿＿＿＿＿

● 您以何種方式購買本書？

□誠品書店　□誠品網路書店　□金石堂書店　□金石堂網路書店

□博客來網路書店　□其他＿＿＿＿＿＿

● 您希望我們未來出版哪一種主題的書？（可複選）

□佛法生活應用　□教理　□實修法門介紹　□大師開示　□大師傳記

□佛教圖解百科　□其他＿＿＿＿＿＿＿

● 您對本書的建議：

＿＿＿＿＿＿＿＿＿＿＿＿＿＿＿＿＿＿＿＿＿＿＿＿

＿＿＿＿＿＿＿＿＿＿＿＿＿＿＿＿＿＿＿＿＿＿＿＿

＿＿＿＿＿＿＿＿＿＿＿＿＿＿＿＿＿＿＿＿＿＿＿＿

我已經完全瞭解左述內容，並同意本人資料依上述範圍內使用。

＿＿＿＿＿＿＿＿＿＿＿＿（簽名）

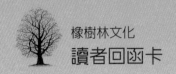